Un prof
a changé ma vie

Vincent Remy

Un prof a changé ma vie

Préface de Daniel Pennac

La librairie
VUIBERT

ISBN 978-2-311-10028-0

La Librairie Vuibert
5, allée de la 2e D. -B., 75015 Paris
www.vuibert.fr
www.la-librairie-vuibert.com

Nos inoubliables

par Daniel Pennac

Regardez jouer cet enfant, il vit au présent d'éternité. Regardez cet adolescent se morfondre, il subit un présent de perpétuité. L'enfant croit que ça durera toujours et l'adolescent se dit que ça ne finira jamais. Ils prennent le temps en gros. La durée est chez eux une sensation qui ne les renvoie qu'à un état d'eux-mêmes.

Le plus souvent, c'est dans ces années-là que se présente l'adulte d'influence. Quand il apparaît – ce qui est plus fréquent qu'on ne le dit –, il (ou elle) ne semble pas un adulte comme les autres. Sous ses yeux on ne se satisfait plus de planer en éternité ou de macérer en perpétuité. C'est qu'il ouvre sur le futur, ce nouveau venu. Fameux appel d'air ! Un futur immédiat pour commencer, le désir de le revoir vite : quel jour, le prochain cours avec Mlle Unetelle ? Puis, le futur de la lente acquisition : apprendre ce qu'il sait, faire ce qu'il fait... Et le futur lointain enfin, qui pourrait bien être passionnant derrière un pareil guide ! Pour la première fois, nous nous sentons un être en devenir.

Voilà sans doute ce que nous voulons dire quand, bien des années plus tard, nous évoquons cette institutrice, ce professeur, cet éducateur, ce mentor qui ont « changé notre vie ». Sans eux, nous ne serions pas ce que nous sommes, disons-nous. Et, disons-nous encore, nous ne les oublierons jamais. De fait, nous ne les avons pas oubliés. Un des aspects les plus touchants de nos souvenirs, c'est l'image intacte que nous conservons d'eux. Nous savons encore tout de leur voix, de leur regard, de leurs gestes, de leurs vêtements, de leurs manies, du volume exact qu'occupait leur corps dans la salle de classe.

Quelles qualités particulières avaient-ils donc, ces inoubliables, pour susciter une telle gratitude ? Pour commencer celle de n'être ni nos parents (qui nous étaient tout) ni nos autres professeurs (qui ne nous étaient rien). Ils étaient quelqu'un, soudain. Une singularité. Singuliers en quoi ? Par exemple en ceci que, professeurs, ils semblaient *incarner leur matière*. Les autres se contentaient de l'enseigner et, à en juger par leur mine, à un public qui ne la méritait guère (voilà comment on s'étiole des deux côtés de l'estrade). Eux non. Ils nous estimaient aptes à les rejoindre en enthousiasme. C'est cet effet d'incarnation qui a compté, d'abord. Vus d'aujourd'hui, il se peut que ces professeurs n'aient pas été, dans leur domaine, les cracks que nous imaginions alors. Du moins nous ont-ils transmis l'envie de savoir. Et davantage : grâce à leur ferveur et à leur exigence, leur matière nous devint une compagnie et l'effort un compagnon.

Autre chose. Ils semblaient avoir le temps. Notre ignorance ne les impatientait pas. Du temps, ils n'en avaient pas plus que leurs collègues, pourtant ; une heure est une heure, une classe est une classe, cinquante-cinq minutes pour une trentaine d'élèves. Seulement, l'attention qu'ils suscitaient dilatait la durée. Nous faisions avec eux un voyage qui se suffisait à lui-même.

La question de leur personnalité est assez secondaire. Selon les termes successifs des générations, ils pouvaient nous paraître gentils, sympas, cool, ou vaches au contraire, ou ce qu'on voudra, l'essentiel est ailleurs. Ils étaient avant tout Mlle Unetelle, *ma* prof de math, M. Tel-autre, *mon* prof de français. D'où vient ce possessif ? De la sensation d'une relation privilégiée. Comme si nous partagions un secret. Nous l'imaginions réciproque, cette intimité, elle l'était rarement. Nous n'étions souvent qu'un élève parmi d'autres pour ce professeur qui nous était unique parce qu'il avait le don de nous donner le sentiment de notre propre singularité. D'autres que nous, d'ailleurs, ne l'appréciaient pas plus que ça, ce qui nous confortait dans notre admiration.

Mes inoubliables à moi sont arrivés tard dans ma scolarité : M. Prioult en troisième, M. Baldenweg et Mlle Gigliormini en première, M. Seignon en terminale : la littérature, les mathématiques, l'histoire, la philosophie. Des autres je n'ai qu'un souvenir flou.

Érik Orsenna

À l'extrême fin des années 1970, le monde occidental entrait en crise. Finie l'insouciance du progrès et de la croissance éternelle. Les « chocs pétroliers » se succédaient, la montée du chômage était amorcée. Que se passait-il ? À l'Institut d'études politiques de Paris, un jeune homme bondissant apparut aux élèves à l'orée de la salle de cours : « Éric Arnoult ! » Le nouveau maître de conférences en économie, la petite trentaine, binocles ovales, virevoltait au tableau. Pas vraiment le profil maison. Souvent hilare, toujours enthousiaste, il précipitait les étudiants dans l'ère de la « stagflation ». L'affrontement entre néoclassiques et keynésiens devenait limpide...

Éric Arnoult avait disparu de Sciences-po depuis longtemps lorsque, à l'automne 1988, un 14 novembre, William Leymergie, présentateur du 13 heures d'Antenne 2, annonça le lauréat du prix Goncourt : *L'Exposition coloniale,* d'Érik Orsenna. Ainsi, le prof avait changé de nom ! La France découvrait « le seul romancier qui écrive au crayon, un crayon 3B, parce qu'il est bien gras ». Érik

Orsenna, ajoutait le commentaire, est « à notre connaissance le seul écrivain économiste, professeur et membre du Conseil d'État ». On voyait Éric-Érik, moustache, calvitie naissante, jouer à la balle – « une balle en authentique caoutchouc », précisait la télé. Il s'approchait d'une carte de l'Amérique du Sud, pointant son doigt sur la forêt amazonienne : sa balle bien en main, le romancier expliquait aux téléspectateurs le formidable hold-up, vers la fin du XIXe siècle, des Anglais sur les graines d'hévéa pour les transplanter dans leurs colonies de Ceylan et de Singapour. En trente secondes, Arnoult-Orsenna livrait un magistral cours de colonialisme.

Mettons le cap sur erik-orsenna.com, archipel imaginaire de l'écrivain. Entre l'Île de tous les voyages et l'Île de la Grammaire, on découvre l'Île de la Capitainerie, et le profil du capitaine : « Je suis né à Paris, le 22 mars 1947, d'une famille où l'on trouve des banquiers saumurois, des paysans luxembourgeois et une papetière cubaine. Après des études de philosophie et de sciences politiques, je choisis l'économie. De retour d'Angleterre (London School of Economics), je publie mon premier roman en même temps que je deviens docteur d'État. Je prends pour pseudonyme Orsenna, le nom de la vieille ville du *Rivage des Syrtes*, de Julien Gracq. Suivent onze années de recherche et d'enseignement dans le domaine de la finance internationale et de l'économie du développement », etc.

Dans le 13e arrondissement de Paris, quartier de la butte aux Cailles, une petite maison blanche qui, à l'intérieur, tient du bateau, avec un toit-verrière laissant entrer le ciel et une coursive qui débouche sur une porte fermée – la capitainerie, sans aucun doute. Fiché sur la porte, un vieux panneau : « Bureau de Monsieur le Censeur ». Alors, professeur Arnoult, quel prof vous a fait prof ? Et écrivain ? Et conseiller d'État ? Et académicien ? Et voyageur ? Et curieux de tout ? « Tous ! Ma vie n'est que profs ! Profs, profs, profs ! Je leur dois tout. Et j'essaie de transmettre à mon tour. »

Reprenons l'histoire au début. Celle d'un petit garçon de bonne famille né à Paris alors que mourait son grand-père, chef d'entreprises (au pluriel). « De ce jour, ma mère m'avait attribué une fonction sur terre : réincarner celui qui était mort à ma naissance. » Très tôt, le petit garçon va développer une stratégie pour ne pas succéder au grand-père : être deuxième. Toujours, partout. Et d'abord, à l'école : « Il fallait absolument éviter d'être premier. Trop de pression ! Troisième, à la maison, j'étais *averti*, quatrième on m'engueulait, cinquième on me punissait. Donc, me suis-je dit, ma place, c'est deuxième. »

De même qu'il s'est choisi très tôt une place, Érik Orsenna classe désormais les profs par catégories. Trois. La première ? Les profs de la « méthode ». Avenue Duquesne, dans le 7e arrondissement de Paris, existe une école tenue par les frères des écoles chrétiennes. « Ma mère avait décrété que le niveau y était meilleur que dans le public. En septième, je me retrouve donc chez les frères, mais mon instit était un laïc. Petit, enthousiaste, très centré sur la "méthode". Et tradition, tradition : il disait qu'il fallait savoir lire, écrire, compter. Vraiment savoir... » Une table de multiplication pas sue ? Un coup de canne ! « Il tapait, à l'ancienne. Pas méchant, mais quand même... » En plus de la « méthode », il faisait pratiquer. Écrire, écrire. Raconter des histoires. Le petit Éric pratiquait sans arrêt, et s'en réjouissait : « Mon instituteur avait un truc que je n'ai jamais oublié. Quand il voyait une phrase mille fois entendue, il mimait un appareil photo et faisait : *clac,* cliché ! » Le blanc manteau de la neige, *clac,* cliché ! La rumeur fraternelle de la mer, *clac,* cliché !

Le nom de ce prof de la « méthode » ? Orsini ! « Mon frère vient de me rappeler ce nom, je l'avais complètement oublié. » Orsini, si près du pseudonyme choisi vingt ans plus tard ! On est alors en 1974, Éric Arnoult écrit sa thèse et, simultanément, un premier roman. Un prof de Sciences-po, un certain Raymond Barre, lui suggère de prendre un pseudonyme, comme ça « vous aurez une carrière d'économiste et une carrière de romancier sous un autre nom, c'est préférable ». Marqué par la première phrase du *Rivage des Syrtes,* Éric Arnoult écrit alors à Julien Gracq qui lui donne la permission d'utiliser le nom de la ville. Et voilà comment Orsenna effaça Orsini...

À l'évocation de ce nom de prof oublié-retrouvé, on sent comme un remords. Et un hommage tardif. Érik Orsenna revoit Orsini faisant attendre les parents à la sortie des classes et retenant les élèves parce que l'un d'eux n'avait pas compris, et qu'il fallait expliquer, expliquer, jusqu'à ce que chacun sache ce qu'est une phrase. « On pratiquait ! » L'Orsenna d'aujourd'hui ne peut s'empêcher d'épingler les méthodes contemporaines d'enseignement du français qui abusent du commentaire de texte : « Bien sûr qu'il faut en faire, mais il faut pratiquer au moins autant car le commentaire dessèche, découpe, analyse... » Il rêve d'un seul bac, sans options, un tronc commun. Républicain. « Aujourd'hui, on démarre les options dès le primaire... » Il parle de son obsession, l'illettrisme, révolté qu'un enfant sur cinq soit foutu en l'air, condamné à l'exclusion : « La première des républiques, c'est la langue commune de la tribu. »

Un jour, la « méthode Orsini » a pris fin. La famille a déménagé à Versailles, où le jeune Arnoult a rencontré la « deuxième catégorie » des bons professeurs : ceux qui « donnent confiance ». Il est à Saint-Jean-de-Béthune, « parce que mes parents avaient considéré que le lycée Hoche, ce sublime lycée public, n'était pas assez bien pour moi ». En classe de philo officie un professeur hors normes, prêtre eudiste, qui avait fait l'École navale et des études de philosophie, « avec un petit côté Michel Serres ». Le jeune Arnoult se sent besogneux, terrorisé, replié. Sa gourmandise de savoir ne s'est pas déployée. « Il m'a dit : "Vous travaillez beaucoup, mais il vous manque la confiance." À la fin de l'année, il écrivit sur mon bulletin : brillant mais indiscipliné. Alors que je me croyais dans la besogne et le respect. Et là, *schlak*, avec ces deux mots, la confiance était là ! »

Elle n'a plus quitté Érik Orsenna. Lui a permis d'entrer en communion avec les profs de « l'émerveillement, de l'inatteignable ». La troisième catégorie, celle des grands maîtres de fac : « J'ai eu des profs inouïs ! » dit Érik Orsenna, pas encore revenu d'avoir étudié avec une trilogie fantastique :

Raymond Aron – Vladimir Jankélévitch – Georges Vedel. Car en même temps que Sciences-po, le jeune Éric entreprit une licence de sciences éco – dans laquelle il y avait du droit – et une licence de philo… Imaginez la scène. 1967, à la veille de la révolution. Le grand amphi de la Sorbonne, deux mille étudiants, maoïstes, trotskistes, situationnistes, et, devant eux, Raymond Aron, seul non-marxiste de l'amphi, qui décortique Lévi-Strauss et Sartre, le structuralisme, l'existentialisme, et affirme que « tout cela ne tient pas, *boum, boum, boum.* Inouï ! J'avais l'impression physique de voir travailler son cerveau. Une analyse implacable, doucement implacable ».

Éric Arnoult n'est pas dupe : militant bien sage au PSU de Michel Rocard, il sait que ses camarades « maos » ou trotskistes ne vont écouter Raymond Aron que pour s'exercer à la contradiction. Ils ne se hasardent pas à affronter le maître, mais apprennent à débattre, entre eux, après le cours : « Tu as entendu ce qu'il a dit ? Comment réponds-tu à cela ? » Pourquoi privilégier les prolétaires ? vient de dire en substance Aron. Ils sont pauvres, mais pourquoi détiendraient-ils la vérité ? Qu'on les traite justement, sans considérer, parce qu'ils subissent des injustices, qu'ils détiennent la vérité… Érik Orsenna se souvient de discussions sans fin : « Les maos tenaient bon : les prolétaires, c'est les prolétaires. Nous, au PSU, on disait : "Aron a raison, certains prolétaires sont de vrais cons…" »

À Sciences-po, Éric Arnoult parvient à être l'accompagnateur de Raymond Aron lors des signatures de ses livres. Un jour, il lui pose une question audacieuse : pourquoi n'avez-vous jamais fait de politique ? « Parce que je n'aime que les rapports réciproques », répond Raymond Aron. L'étudiant n'a pas compris sur le coup : « Il m'a fallu attendre François Mitterrand. Un jour, en voiture, il me dit : "Il n'y a dans la vie que des rapports de force." » Érik Orsenna n'a jamais oublié le même Mitterrand, alors premier secrétaire du Parti socialiste, faisant tomber une feuille de papier dans le seul but de voir Michel Rocard la ramasser : « Je me suis dit : jamais la politique ! Je n'aime moi aussi que les rapports réciproques. Certes, j'ai flirté avec le pouvoir dans les cabinets ministériels, mais je n'ai pas aimé ! La philo m'a protégé des abus de pouvoir. La lecture de Jean-Paul Sartre m'a convaincu d'une chose : la vie est un projet et le cœur de tout est la liberté. »

Lorsqu'il en avait fini avec Raymond Aron, le jeune Arnoult courait au cours de Vladimir Jankélévitch : « Un show insensé ! *Janké* parlait pendant une heure sans reprendre souffle. » On est à l'époque du *Traité des vertus*, Vladimir Jankélévitch évoque le courage, l'humilité, trace la cartographie des forces et des faiblesses de l'homme : « Son langage était musical, il enchaînait, modulait, revenait au thème. C'était du Brahms ! » Puis l'étudiant filait au séminaire de Gilles Deleuze place de l'Odéon : « Il y parlait de Spinoza et de Nietzsche, mais il avait commencé par Proust. Et je découvrais qu'un écrivain peut s'envisager comme un monde, analysé avec une liberté, une clarté... » Peut-être intimidé, Éric Arnoult laissera tomber la philosophie, « mais ces maîtres continuent à me nourrir. Je suis fait d'eux ! Et la dette est grande. Ce sont des géants qui ont fait de moi leur marionnette. Ce sont eux qui m'ont donné le goût de l'enseignement... »

Car l'élève n'a jamais cessé d'être prof. Quelques conférences payées, « le mieux possible », et de multiples interventions gratuites dans les écoles. Pour *La Fabrique des mots*, son dernier ouvrage sur la grammaire (Stock, 2013), Érik Orsenna a distribué son texte dans neuf écoles, chez lui, dans les Côtes-d'Armor, entre Paimpol et Tréguier. « Les élèves de CE1-CM2 sont mes profs d'écriture. L'un d'eux m'a dit : "Je peux être franc ? C'est encore plus chiant qu'à l'école." Alors j'ai tout réécrit. » D'un coup, Érik Orsenna se lève, grimpe l'escalier, court sur la passerelle, ouvre la porte du « bureau de Monsieur le Censeur » et en rapporte une feuille rose de papier quadrillé, avec une écriture appliquée : « J'ai bien aimé votre livre parce que c'est à la fois marrant et plein d'infos... »

Érik Orsenna dit être entré dans un cycle sans fin d'apprentissage et de transmission : « Je suis un étudiant perpétuel. Et j'écris un livre à chaque fois que je ne comprends pas ! Donc, j'ai de la marge ! » Difficile de suivre. Il a écrit *Mali, ô Mali* (Stock, 2014) pour « comprendre la complexité de la société malienne », en même temps qu'il préparait un ouvrage sur la puissance des villes, les services, les transports, la culture : « Donc, je vais voir les maires, pour apprendre. Je cours de ville en ville, Tours, Valenciennes, Cherbourg, Clermont-Ferrand. » Érik Orsenna prétend ne pas se sentir créateur, n'avoir pas d'univers, juste « une aptitude à la curiosité ».

Mais comment développe-t-on une telle aptitude ? Très tôt, sans doute. Souvenir d'un père qui, à l'âge de huit ans, lui donne des rudiments de navigation et le laisse seul sur un bateau à voile, dans l'archipel de Bréhat – un des endroits d'Europe où la marée a la plus forte amplitude, « et donc des courants terrifiants… ». Les « profs de mer » vont se succéder : Isabelle Autissier, bien sûr, et Bernard Stamm qui, lors d'un Vendée Globe, lui apprend à barrer un cinquante pieds.

Profs de bateaux, mais aussi profs de jardins… En 1995, et pour cinq ans, Érik Orsenna se retrouve président de l'École nationale supérieure du paysage : « Ma compétence ? Il fallait quelqu'un qui connaisse Versailles… » Mais Érik Orsenna apprend vite : « La botanique est entrée dans mon univers ! » Il fait ses classes auprès de l'ancien patron du Potager du roi, Jacques Beccaletto, dont il préfacera l'*Encyclopédie des formes fruitières* (Actes Sud, 2010) : « Il m'a appris les principes de la taille et de la greffe. Grand professeur ! » L'élève Orsenna est entré en formation permanente : « Presque tous mes collègues de l'Académie française et de l'Institut sont des profs virtuels. Je vois les profs partout ! Tous ont changé ma vie. Je n'ai pas de palmarès. »

Et cette absence de palmarès lui permet des rapprochements audacieux, entre un Jacques Beccaletto, « maître de la taille et de la greffe », et un Georges Vedel, qui, « par le droit, nous offre une maquette de la société ». Le rapprochement, selon lui, est pertinent, puisque le créateur du Potager du roi à Versailles était aussi maître des requêtes de la reine… Érik Orsenna estime que « tout est religieux au sens étymologique, c'est-à-dire relié », qu'on ne peut comprendre le monde sans culture générale, et que cela demande un travail soutenu : « Je ne suis pas scientifique, mais j'ai fait l'effort d'apprendre les principes de l'effet de serre ou le fonctionnement d'un courant marin. » L'écrivain évoque sa mère, qui n'avait pas le baccalauréat, a repris ses études à quarante ans, fait un doctorat de psychologie, écrit un roman. Sa grand-mère inculte, mais joueuse de violoncelle – et grande cuisinière : « Elle m'a appris les produits, les marchés... »

Les professeurs aujourd'hui ? « Ils ne vont pas bien, parce qu'on leur fait endosser des responsabilités – la crise économique, celle de la famille – qui ne relèvent pas d'eux. » Un dimanche, le maire de Saint-Denis, en banlieue parisienne, invite Érik Orsenna à l'accompagner sur le marché : « J'ai déambulé trois heures avec mon prof de marché. J'ai vu ce qu'était la cohabitation entre je ne sais combien de nationalités. Avec un record de France de familles monoparentales. » Or, ajoute-t-il, en classe primaire, les enfants de Saint-Denis comme ceux des beaux quartiers parisiens n'ont qu'un seul maître. « Comment leur apprendre des matières aussi différentes que le français et les maths ? Se donne-t-on les moyens d'éviter à tout prix qu'un jeune Français sur cinq ne maîtrise pas la langue française ? C'est *la* question républicaine majeure. J'anime des ateliers d'écriture un peu partout, il faut absolument apprendre aux enfants à raconter... »

On a quitté Érik Orsenna sur une dernière histoire. Une histoire de sa vie d'étudiant. À Sciences-po, une jeune fille avait invité Éric Arnoult chez elle. Et chez elle, il y avait Georges Lambrichs, le grand éditeur de Gallimard, qui suggéra au garçon de dix-neuf ans d'aller voir à Douarnenez un certain Georges Perros : « Je prends ma 4L, j'arrive chez un homme qui se bourre la gueule au vin rouge, qui alterne la pipe et le verre. Il me garde jusqu'à huit heures du soir, me parle de Kierkegaard, de Gérard Philipe, et me dit : "Jeune homme, j'ai quelques distinctions clés dans ma vie. Je distingue l'énergie et la volonté. La volonté, quand ça ne va pas, fait qu'on serre les dents. L'énergie est très différente : on cherche la cause du mal, on l'extirpe, et on peut revenir en force. La volonté est une mécanique de mort. L'énergie, c'est la vie." »

Mais Éric Arnoult et son prof de morale cèdent vite la place à Érik Orsenna et sa joie de vivre. Il lâche une dernière bouffée rigolarde : « Sur ma tombe, j'aimerais quelque chose du genre : "Il a adoré apprendre et a essayé de transmettre." J'ai écrit le *Portrait du Gulf Stream* (Seuil, 2005) parce que je venais de perdre ma compagne et que j'étais dévasté, j'ai alors voulu agrandir mon univers, et je suis allé à l'université de Bretagne... Et maintenant, au lieu de voir l'océan Atlantique comme une tache bleue, je sais comment il bouge. Voilà pourquoi je m'acharne à dire à tout le monde, et notamment à mes enfants, qu'il faut lire tout le temps, dans les livres, certes, mais pas seulement. Il faut lire tout le temps, partout. »

Danièle Sallenave

Qu'y a-t-il de commun entre Danièle Sallenave et Maurice Druon ? Pas grand-chose, pense la première lorsque, élue à l'Académie française au fauteuil du second, elle doit, le 29 mars 2012, prononcer son éloge. Danièle Sallenave se plonge alors dans les Mémoires de ce fils d'émigré juif lituanien, neveu de Joseph Kessel, dont la mère s'est remariée avec un certain M. Druon, notaire installé dans un village de Normandie. Et là, miracle, elle trouve la description qu'il fait de l'école primaire – le tableau, le poêle, le maître, les enfants, le bonheur d'étudier, et la revendication de sa « dette » à l'égard de cette école… « Je me découvrais un univers commun avec Maurice Druon ! J'étais contente, je n'avais plus besoin de forcer mon hommage… »

Car s'il est un mot que Danièle Sallenave revendique, au moment même où elle achève son *Dictionnaire amoureux de la Loire* (Plon, 2014), c'est bien celui de « dette ». Mais dette envers qui ? « La dette qu'on vous impose, parents ou autres, pèse sur votre vie de façon intolérable. En revanche, si quelqu'un, à un moment de sa vie, probablement pas au début, se dit : “Ce que je suis, je ne le dois pas à moi-même, mais à d’autres”, cette dette-là ouvre des perspectives infinies. Mon *Dictionnaire amoureux de la Loire* est un livre de dette de bout en bout. Même quand je ne le dis pas explicitement. Je rends hommage à mes parents, à l’école dans laquelle je suis née, au village où ils étaient tous deux instituteurs, et plus généralement à ce monde dans lequel j’ai baigné enfant, que j’ai fui un moment, parce que je n’en supportais pas la pesanteur, et dont j’ai découvert ensuite tout ce que je lui devais. »

Sa « dette », l’académicienne n’entend pas la faire remonter trop loin : « Péguy dit de façon magnifique que nous avons derrière nous des générations, mais quand nous nous retournons, nous nous heurtons à une muraille d’anonymes. Mais, ajoute-t-il, l’homme se fond avec orgueil dans cet anonymat. C’est mon cas, je ne fais pas partie des gens occupés à chercher sur Internet s’ils avaient un ancêtre en 1650 à tel endroit. Je les accepte tous comme mes ancêtres, paysans, journaliers, vignerons… mais je pense avec fierté à mes deux parents instituteurs, et à la mère de mon père, également institutrice. Quand j’étais enfant, on me plaignait plutôt d’avoir cet héritage, on imaginait que c’était lourd à porter… »

Le village de Savennières, merveilleuse commune viticole à une quinzaine de kilomètres à l’ouest d’Angers, avait dans l’après-guerre une école primaire de filles composée d’une seule classe. La directrice de cette école, par ailleurs institutrice de son unique classe, s’appelait Mme Sallenave. Ne sachant que faire de sa petite fille, pas encore en âge d'être scolarisée, Mme Sallenave la gardait au fond de la salle. « J'ai appris à lire vers quatre ans, en écoutant les autres. Quand elle m'a scolarisée, ma mère a vu que je savais lire », se souvient Danièle Sallenave, qui est entrée dans cette classe pour n'en sortir... que cinq ans plus tard, pour entrer en sixième. « La classe unique était un excellent mode d'enseignement. C'était compliqué pour les instituteurs, parce qu'il leur fallait faire travailler des niveaux différents, de six à onze ans, et même quatorze ans pour ceux qui passaient le certificat d'études. Mais c'était remarquable parce que chaque niveau était bénéfique pour le niveau inférieur. Il n'y avait parfois que deux ou trois élèves par niveau. Ma mère passait d'un groupe à l'autre, comme un organiste change sans arrêt de clavier. Les uns copiaient un texte, pendant que d'autres faisaient du calcul, un troisième groupe une leçon d'histoire... »

Dès le premier cours de ses cinq années de scolarité avec sa mère, la petite Danièle trouve spontanément un « truc » : « Je lui ai dit "madame" et "vous" ! J'ai tout de suite compris que je ne pouvais dire "maman" à l'institutrice. Ma mère m'a dit avoir été un peu surprise, puis en avoir parfaitement compris la raison. » L'institutrice ne redevenait « maman » qu'après cinq heures du soir, quand les autres petites filles étaient parties. « Parce que j'ai eu ma mère comme institutrice, j'ai mieux compris ce qu'était l'école dans laquelle mes parents avaient été formés, et ce qu'ils transmettaient. La formation qu'ils avaient eue m'impressionne toujours, je ne dirais pas par son étendue, mais par sa solidité et sa rigueur, et son élémentarité au bon sens du terme. Ma grand-mère, qui avait pris sa retraite au moment de la guerre, avait cette même rigueur, pas seulement en orthographe et en calcul, mais avec de vrais domaines de connaissance. Je me souviens, par exemple, que mes parents aimaient plaisanter à partir de citations. L'un d'eux devait se relever la nuit pour aller fermer un volet à cause de la tempête ? L'autre disait : "C'était pendant l'horreur d'une profonde nuit." Pourquoi ? Parce qu'à l'école normale, ils avaient lu Racine, le songe d'Athalie. C'était leurs bases ! »

Danièle Sallenave a vécu une enfance heureuse à Savennières. Arrive la sixième. Plus question de rester au village. La petite Danièle est scolarisée à Angers, pensionnaire au lycée de jeunes filles Joachim-Du-Bellay. Le lieu est impressionnant. Un imposant bâtiment des XVIIe et XVIIIe siècles, un cloître, une abbatiale témoignent de ce qui fut d'abord une grande abbaye. Mais c'est l'histoire récente qui marque les esprits : durant la guerre, six résistantes – la directrice, quatre professeurs et l'économe – ont été arrêtées et déportées au camp de Ravensbrück. Trois d'entre elles seulement en sont revenues. « À ce lycée de filles, mené par des femmes d'exception, on avait quand même donné un nom d'homme… », constate Danièle Sallenave avec agacement. La petite villageoise va découvrir simultanément la ville d'Angers et le lycée avec ses externes de « bon » milieu : « Certes, les jeunes filles de la grande bourgeoisie catholique étaient scolarisées dans des pensionnats privés, mais celles qui venaient au lycée appartenaient quand même à des milieux favorisés. » Pour la fille d'instituteurs, même si elle retrouve à l'internat quelques filles de paysans et de vignerons, ce lycée et cette ville alors « fermée, bourgeoise, cléricale » n'étaient pas le monde dans lequel elle souhaitait vivre : « J'ai été heureuse d'en partir. Maintenant, je peux y retourner, cela ne me menace plus… »

À Joachim-Du-Bellay exerçait une femme d'exception, Mme Proust. Son mari, M. Proust, enseignait au lycée de garçons. Elle était professeur de lettres, comme on disait alors, c'est-à-dire de français, de latin et de grec. Ce qui signifie que Danièle Sallenave allait la retrouver, pendant deux heures au moins, chaque jour de la semaine. Et ce, durant quatre ans, de la sixième à la troisième ! « Mme Proust détonnait parmi le corps enseignant. D'un milieu bourgeois, elle était rebelle, rétive aux codes de son milieu, certes habillée avec cette élégance de l'époque – on ne venait pas en jogging faire ses cours –, mais ses cheveux blonds étaient coupés très court. Et elle fumait des Boyards dans la salle des profs… » Dans les années 1950, beaucoup de jeunes filles avaient des comptes à régler avec leur éducation, « mais Suzanne Proust n'en abusait pas, refusait la démagogie. Simplement, elle était extrêmement vive, adorait la littérature, moderne comme ancienne ». Aujourd'hui, poursuit la normalienne, agrégée de lettres classiques, ce ne serait vraiment pas un problème de mêler les deux, « mais on n'imagine pas l'audace que constituait le fait de travailler sur Ronsard, *Mignonne, allons voir si la rose*, en même temps que sur Queneau, *Si tu t'imagines…* » Le conformisme s'est inversé, ajoute Danièle Sallenave, qui se souvient avoir su riposter vivement dans un débat face à une enseignante affirmant qu'il ne fallait plus enseigner les auteurs morts : « Les auteurs ne sont pas dans leur tombe, ils sont dans leurs livres. » L'esprit de Suzanne Proust soufflait ce jour-là sur son ancienne élève...

« Elle pouvait nous faire étudier des poèmes de Charles Péguy, tout en évoquant *À la manière de Charles Péguy,* un des pastiches hilarants du tandem Reboux-Müller. Ça me fait donc rire quand on me dit que j'ai eu une culture élitiste, puisque je suis le fruit de cet apprentissage ouvert et vivant. » Même chose pour le latin : « On en faisait très sérieusement, avec le diptyque thème-version, mais Mme Proust nous avait abonnées à un petit journal amusant plein de traductions de textes contemporains en latin. Elle ne se disait pas : "Il faut que je sois moderne." Elle était d'une grande vivacité, parce qu'elle était la vie même. »

Il y a une vingtaine d'années, Danièle Sallenave est invitée par la Société des amis de Marcel Proust, dont le président était alors Maurice Schumann. On lui demande une petite intervention. Elle raconte avoir commencé à lire Proust en cinquième pour faire ce qu'on appelait de l'analyse logique, et cite alors le nom de sa professeur juste pour évoquer ce hasard de la coïncidence. « Maurice Schumann se tourne alors vers moi et me dit : "C'est extraordinaire, vous connaissez Suzanne Proust, je suis parrain d'un de ses fils !" »

Danièle Sallenave a revu sa professeur de loin en loin, reçu d'elle une lettre lorsqu'elle a obtenu le prix Renaudot en 1980 pour *Les Portes de Gubbio,* et lui a parlé de sa « dette » : « Jeune retraitée, elle était en pleine forme, élégante, en manteau de vison, et toujours ses cheveux blonds coupés court et ses Boyards... » Danièle Sallenave cite alors les propos de Coluche sur Romain Bouteille : « Il m'a tout appris. Et ce qu'il ne m'a pas appris, je lui ai piqué. »

Piquée, la coupe de cheveux ? « Peut-être, mais elle les avait beaucoup plus courts, à la Jean Seberg. » Les Boyards ? « Bien sûr, j'en ai fumé, enfin, pendant un an ou deux... » Et l'allure éternellement juvénile ? « Parlons d'abord de ce qu'elle m'a donné : elle faisait place dans son enseignement au débat adolescent, à sa révolte, qui s'exprimait dans une manière de lire les textes, de les faire vivre. » Danièle Sallenave n'a pas été rebelle, en confrontation avec ses parents, « juste le minimum vital ». Mais elle a été hantée par une peur : « Être étouffée ! Partout, toujours. Je me débattais, sans trop savoir contre quoi. Je voyais bien les destins autour de moi, les gens dans le village, les filles qui arrêtaient leurs études. Ma meilleure amie, qui avait échoué au premier bac, ne s'était pas représentée et avait passé le concours des postes. Il y avait un déterminisme social, surtout chez les filles. Je n'avais pas peur pour moi, j'étouffais parce que je n'aime pas voir des gens étouffer ! Suzanne Proust nous ouvrait aux livres et à la culture, non pour qu'on aille s'y enfermer, mais pour élargir notre existence. »

Alors, ce qui lui a été piqué ? « Tout ce qui relève de la personne, de la façon d'être. » Et avant tout, un vrai sens de l'égalité. Égalité des sexes, égalité sociale. Suzanne Proust avait raconté à sa classe de quatrième qu'elle avait été professeur pendant la guerre au lycée de filles de Châteauroux, qui avait comme concierge un invalide de guerre, « alcoolique, brutal, analphabète et violent ». Elle ajoutait qu'il était le seul adulte du lycée à avoir le droit de vote, puisque les femmes ne l'obtiendraient qu'à la Libération. « Eh bien ça, c'est inoubliable pour moi, ces communautés de femmes lettrées qui ne pouvaient voter ! Je suis devenue féministe non pour demander des droits en tant que femme, mais pour réclamer l'égalité. Rien que l'égalité. » Et Danièle Sallenave n'a pas oublié que Suzanne Proust n'aura jamais obtenu d'enseigner en second cycle parce qu'elle n'était pas agrégée. Elle ajoute : « Quand j'étais jeune professeur en 1968 à Beauvais, dans la salle à manger des profs, la table des agrégés était séparée des autres tables ! On m'a octroyé des classes de second cycle auxquelles des professeurs qui avaient plus d'expérience que moi ne pouvaient enseigner parce qu'ils n'étaient pas agrégés... »

À la jeune professeur en révolte contre les inégalités, puis à la brillante enseignante de Nanterre, aimée de générations d'étudiants, succède aujourd'hui la fille d'instituteurs inquiète de la dégradation de la formation des maîtres. « En supprimant en 1989 les écoles normales, estime Danièle Sallenave, on a remplacé les instituteurs par les “professeurs des écoles”, terme que je récuse. Instituteur est dix fois plus beau, puisque l'instituteur institue, construit, alors que le professeur professe. Prolonger les études des instituteurs de deux ans vers le haut, vers la recherche, est absolument inutile. Ce sont les bases, en grammaire, en histoire et géographie, en calcul, qu'il faut assurer. Regardez les rapports des présidents de jury des concours de professeurs des écoles : qu'écrivent-ils, sans exception ? “Une grande quantité de candidats ne sont pas en possession des connaissances qu'ils seront en droit de demander à leurs élèves quand ils seront instituteurs." Chaque réforme aggrave la précédente parce qu'aucune ne touche à l'essentiel de ce qu'il faudrait réformer. Pourquoi les enfants des milieux défavorisés ont-ils de moins bons résultats que les autres dans les fameuses enquêtes PISA (Programme international pour le suivi des acquis des élèves) ? Parce que, dans les milieux plus favorisés, ce sont les familles qui rattrapent les défaillances de l'école. »

Danièle Sallenave en convient : Mme Proust n'a pas changé sa vie, « puisque ma vie était en train de se faire ». Mais « elle l'a construite dans un sens qui me convenait vraiment, profondément. Parce qu'elle apportait dans son enseignement la rigueur et l'enthousiasme ». Ne parlez donc pas à la romancière des sciences de l'éducation, pour elle enseigner est un art, non une science, et elle a le « pédagogisme » en horreur : « Je crois aux personnalités fortes, qui ont des connaissances solides, et qui surtout aiment ce qu'elles enseignent. Et contrairement à ceux de mes amis qui invoquent de mauvais profs pour justifier leurs manques, je pense qu'un mauvais prof s'oublie beaucoup plus vite qu'un bon. »

Un jour, en quatrième, Suzanne Proust propose à celles de ses élèves qui le souhaitent une randonnée vers quelques très beaux lieux de la vallée de la Loire, dont l'église de Cunault, près de Saumur, à une quarantaine de kilomètres d'Angers. Une dizaine de jeunes filles s'élancent un matin à bicyclette, quittent la ville pour suivre la levée du fleuve. « Elle était en short comme nous, faisait de la bicyclette comme nous, et nous racontait Cunault. Cette excursion m'a marquée à vie. Peut-être aurais-je trouvé ma voie d'une autre manière, je n'en sais rien, mais j'ai compris ce jour-là pour toujours la liaison évidente entre les livres et la vie. »

François Pinault

Nous sommes dans le magnifique hôtel particulier d'Artémis, place François-Ier, à Paris, cela fait presque une heure déjà que nous discutons avec François Pinault, perdus dans son gigantesque bureau comme deux personnages de Sempé. Soudain, « l'anecdote » tombe. Trente ans plus tôt, en 1982. François Pinault, la quarantaine, n'est plus le marchand de bois breton qu'il était dans les années 1960, sa société a grandi, il a désormais un petit bureau à Paris, boulevard Malesherbes, et une secrétaire. Coup de téléphone : « Le président Ambroise Roux veut vous parler ! » François Pinault croit à « une blague », prend au téléphone le patron de la Compagnie générale d'Électricité, archétype des grands patrons arrogants, survivance du pompidolisme en costume trois pièces. « Il me dit qu'il vient de créer une association, l'Afep, Association française des entreprises privées, et aimerait que j'y adhère. Je lui réponds que mon entreprise est toute petite, j'insiste pour ne pas y aller. Il me dit : "Elle va grandir." » Le jeune chef d'entreprise finit par accepter de se rendre à un premier dîner mensuel : « Et là, pas un ne m'adresse la parole ! » Deuxième dîner, un mois plus tard, idem ! Il apostrophe Claude Bébéar, le futur patron d'Axa, qu'il connaît de vue et qu'il trouve plutôt sympathique : « Bizarre votre association, pourquoi on ne me parle pas ? Parce que je suis breton ? Je pue ? » Bébéar, embarrassé, lui répond qu'il est originaire de Dordogne, que lui non plus n'est pas un grand bourgeois, et se confond en excuses. « Mais voyez comment sont vos collègues, reprend François Pinault. Et vous êtes pareil, puisque vous ne me parlez pas ! » Le Breton a compris : « C'est vraiment des milieux, si vous n'en êtes pas ! Alors je les ai snobés, j'ai tracé ma route... »

Pour le jeune patron, cette humiliation est un douloureux remake. Une bonne trentaine d'années auparavant, dans l'immédiat après-guerre, un garçon âgé de onze ans quitte son petit village des Côtes-du-Nord, au sud de Saint-Malo. Son instituteur, M. Cadiou, et son oncle, l'abbé Pinault, un des nombreux frères de son père agriculteur, ont œuvré pour l'inscrire en classe de sixième à Rennes, comme pensionnaire au collège Saint-Martin. Dans cette institution tenue par des prêtres eudistes, la journée commence par une messe à 6 h 45 et est rythmée par des prières : « Les élèves du collège Saint-Martin venaient tous de milieu bourgeois, pas des gens immensément riches, des commerçants, notaires, médecins, petits industriels locaux. » Aucun fils de paysan ? « J'étais le seul... » François Pinault dit avoir vécu dans ce collège des moments d'humiliation dont il se souvient dans les moindres détails, « avec de jeunes bourgeois convaincus d'être à leur juste place et qui traitaient ceux qui n'appartenaient pas à leur milieu comme une race inférieure ». Quatre années épouvantables. Il abandonnera ses études en seconde, regagnera pour quelques mois la ferme familiale, et s'engagera trois ans pour l'Algérie, « comme un petit con »... Il n'a jamais remis les pieds au collège Saint-Martin, pas davantage qu'il ne remettra plus tard les pieds chez les grands patrons de l'Afep.

Mais alors comment devient-on François Pinault, le magnat du luxe, le grand collectionneur d'art contemporain, l'homme de Venise ? Trévérien, 750 habitants, est un village à l'écart des grandes routes, en bordure du Linon, un affluent de la Rance. Aucun charme particulier, aucune histoire : ce serait la raison pour laquelle les habitants de Trévérien sont affublés d'un sobriquet, les « trouverien ». Car il ne s'est jamais rien passé ici. En 1941, le jeune François a cinq ans, il grandit dans la ferme de son père, la Cour Heuzé, une quinzaine d'hectares et surtout une petite scierie, qui fonctionne avec un ou deux employés. « M. Pinault », comme on l'appelle au village, est un homme moderne, astucieux, entreprenant. Pour améliorer l'ordinaire de la ferme, il a commercialisé du cidre dans les années 1930, et maintenant du bois : « Il était catholique pratiquant, comme les hommes l'étaient à cette époque, c'est-à-dire qu'il filait au bistrot avec les copains à la sortie de la messe. Sans doute pour emmerder son frère prêtre, et parce qu'il s'entendait bien avec l'instituteur, M. Cadiou, avec qui il jouait aux cartes le dimanche, il m'a collé à l'école laïque. » La mère du petit François n'est pas enchantée que son fils aille à « l'école du diable », mais elle n'a pas son mot à dire : « Vous savez, les femmes, à l'époque… Il y avait une grande table à la ferme, je n'ai jamais vu ma mère assise pendant les repas. Elle servait. Mes petits-enfants écarquillent les yeux quand je leur raconte ça, ils ne me croient pas… »

Donc, François Pinault, cinq ans, se retrouve à l'école publique du village, tenue par le couple d'instituteurs, Mme et M. Cadiou. « Mme Cadiou s'occupait de nous les deux premières années, son mari prenait la suite. Ils m'ont dégrossi en français, appris à lire et à écrire sans faire trop de fautes. » Dégrossi en français ? Oui, car si les parents connaissent le français, autour de la table familiale, on parle le dialecte de Haute-Bretagne, le gallo : « Mais dans la classe, quand on parlait ce patois, la badine de Mme Cadiou s'abattait sur nos doigts ! » Le petit paysan file doux, ne tient pas rigueur à sa maîtresse. Il aime l'école : « Je me revois encore traverser le village avec mon sarrau gris, les galoches à semelle de bois et le cerceau avec lequel on se prenait des gamelles. Ça n'était pas l'élégance des jeunes d'aujourd'hui… »

Les Cadiou, se souvient François Pinault, devaient avoir la quarantaine. C'était un couple de radicaux-socialistes comme on en trouvait parfois en Bretagne. Dans les classes de l'école publique de Tréverien, pas de crucifix, et aucune allusion à la religion : « Mais pas d'attaques non plus contre l'Église ! C'étaient les règles de la laïcité. Le souvenir que j'ai de ce couple, c'est le dévouement extraordinaire dont ils faisaient preuve envers nous, jeunes paysans. Car ça devait être quelque chose, de se retrouver pendant la guerre au fin fond d'un village breton, chez les culs-terreux ! Les Cadiou, c'était vraiment l'école républicaine, les valeurs du pays, de la France, le sens du devoir, le respect et l'ouverture aux autres – des choses, quand on est tout petit, qu'on intègre très vite. » D'autant plus vite que le pays vit sous l'occupation allemande : « Quelques soldats étaient cantonnés là. Mais Mme et M. Cadiou nous disaient ils sont là, mais ne seront pas toujours là, les choses changent… Ils nous apprenaient à chanter *La Marseillaise*, il fallait la connaître par cœur. Un jour, nous disaient-ils, on défilera avec le drapeau français. Et quand le village a été libéré, nous l'avons traversé avec nos petits drapeaux en chantant *La Marseillaise*. »

François Pinault n'idéalise pas pour autant son éducation du primaire : « Ce couple m'a appris le minimum », reconnaît-il. « Mais quand vous voyez ce qui se passe aujourd'hui dans l'école, tous ces jeunes qui ne parviennent pas à lire à douze-treize ans, vous vous dites qu'ils avaient du mérite. Tout le monde apprenait à lire et à écrire. Il y avait plus ou moins de fautes, mais la lecture était intégrée. » Aux bases, à ce qu'on appelle aujourd'hui « les fondamentaux », M. Cadiou ajoutait son amour de l'histoire. « Je crois que c'était une belle éducation. Imaginez ce couple d'enseignants perdu dans ce village pour apprendre à des jeunes à sortir du patois. Il fallait une foi ! Ils ne devaient pas faire fortune, ils logeaient dans l'école, un petit appartement au-dessus du secrétariat de mairie. Le secrétaire de mairie, c'était Cadiou, il faisait les papiers officiels, lorsqu'il y avait un enterrement ou un mariage, il me prenait avec lui pour que je voie les registres. Je crois qu'il m'aimait bien, j'étais un garçon curieux. Curieux dans le sens où j'essayais de comprendre comment marchent les choses. »

La toute première rentrée scolaire, à l'automne 1941, est impressionnante : « On entrait dans la classe en rang, en silence, il fallait avoir les mains propres, les ongles pas trop sales, et il y avait la petite badine de Mme Cadiou, elle tapotait, pas bien méchant. Et puis la morale du jour, inscrite au tableau, sur la valeur de l'effort, le respect des autres... » C'est comme ça. Ses maîtres, François Pinault les a d'abord craints et respectés, puis il les a aimés. Avec peut-être, en tant que « petit mec », une préférence pour M. Cadiou. L'instituteur parlait à ses élèves de son fils pilote de chasse, qui s'était engagé à Londres dans l'aviation britannique : « À la Libération, le fils Cadiou a survolé le village avec son avion ! Alors j'ai voulu être pilote de chasse pendant quelques années. » À défaut, une fois bien installé à Rennes, vers la fin des années 1960, François Pinault apprendra à piloter les avions de tourisme dans un aéro-club de la ville...

Voilà l'histoire des Cadiou, des gens qui « avaient une pensée », et qui auraient pu faire autre chose. « Je crois qu'ils étaient habités. L'amour de leur métier, c'était de sortir des gens de leur condition. C'est d'autant plus remarquable que, quand vous êtes dans le trou, généralement, on vous y laisse. Ils nous faisaient comprendre qu'il ne fallait pas se résigner. Pas baisser les bras. Ils m'ont donné envie de m'en sortir. Si je n'avais pas eu la chance de les rencontrer, j'aurais eu une vie différente. Ils m'ont appris le minimum pour aller à la ville, et quand je me suis retrouvé au collège Saint-Martin, je parlais français certes avec l'accent du pays gallo, mais je parlais malgré tout. » Bien sûr, ajoute François Pinault, « on se foutait de ma gueule à cause de mon accent, mais je gardais en mémoire que mes instituteurs ne m'avaient jamais humilié. Et qu'ils n'avaient jamais humilié personne ».

Sur une photo d'école qui orne la couverture d'une biographie publiée il y a quelques années par Jean Bothorel, François Pinault a la tête pas banale d'un gamin... « décidé, pas facile ? Peut-être oui. J'étais teigneux, cabochard, concède-t-il. Mais ce sont mes instituteurs qui m'ont donné la volonté de retrousser mes manches. Ne pas lâcher. L'obstination ! Le caractère, il y a une part d'inné, certes, mais il y a aussi des attitudes qu'on vous apprend très jeune, et qui comptent beaucoup. L'exemplarité, c'était mon père : il insistait toujours sur le fait de réaliser des choses dont on pouvait être fier. L'énergie pour s'en sortir, c'était Mme et M. Cadiou. Pour eux, il n'y avait pas de fatalité ». François Pinault hésite : « Je ne sais pas si c'est vrai d'ailleurs... Il faut y ajouter la chance, c'est-à-dire ne pas être tout seul. Si vous êtes seul à l'âge de cinq-sept ans, je ne dis pas dans un milieu défavorisé, mais dans un milieu pas concerné, c'est vraiment difficile. Si dans mon entourage on avait dit : "On est là, on est bien, on y reste", j'y serais encore. Pour avoir envie de s'arracher de sa condition, il faut entendre dire : "On est là, on peut être mieux, on n'y reste pas." Je n'ai jamais fait de psychanalyse, je suis bien incapable de m'analyser. Mais quand j'essaye de comprendre ce qui m'a donné cette rage de faire la différence, ce sont bien ces moments décisifs, comme la volonté de mon père de m'inscrire à l'école publique. »

François Pinault est donc sans illusions : « Je pense à ces jeunes qui vivent dans des conditions difficiles, en banlieue. S'il n'y a pas quelqu'un qui vient les chercher, comment voulez-vous qu'ils s'en sortent ? C'est la même chose dans les entreprises. Vous recrutez quelqu'un pour un poste donné, il peut avoir tous les talents du monde, s'il n'y a pas un membre de la hiérarchie qui le repère, il reste là. Vous êtes chauffeur, vous êtes chauffeur, vous êtes dactylo, vous êtes dactylo. J'essaie en traversant la vie de sortir des gens de leur condition. Ceux qui le veulent. Et ça, je le dois aux Cadiou. C'est très tôt que ça se joue, non ? »

Alors, oui, François Pinault pense que les Cadiou ont donné une autre direction à sa vie. Et pense même que changer la vie, c'est l'essence du métier d'enseignant : « Je dis des banalités, mais il faut que les gens sachent que ça existe ! Qu'il ne faut jamais tirer un trait trop rapide sur un parcours scolaire. » Et aux jeunes tentés de lui dire : « Regardez, vous n'avez pas fait d'études, vous vous êtes démerdé », François Pinault répondra : « Le secret, le bon cheminement, c'est de faire des études convenables. C'est beaucoup de temps gagné. »

Les études seraient d'autant plus nécessaires dans un monde qui se durcit. Où les portes sont de plus en plus difficiles à pousser : « C'est le drame ici. Les élites se cooptent, tournent entre elles, assurées d'avoir raison sur tout, et ne connaissent rien à ce pays. Combien de gens, parmi les hommes politiques, les hauts fonctionnaires, les dirigeants de grandes entreprises, ont connu la vie telle qu'elle est ? Ils ne connaissent pas la vie dans les villages et les petites villes. Moi, quand je vais en Bretagne, je retrouve mes deux sœurs, l'une qui est veuve d'un agriculteur, la retraite, ce n'est pas lourd ; l'autre qui est veuve d'un homme qui a été au RMI. Le pays souffre. J'ai dit à François Hollande lorsque la Bretagne s'est soulevée : "Méfiez-vous, ce ne sont pas des rigolos, pas une poignée de syndicalistes, mais beaucoup de monde, des petits patrons, des ouvriers, des pêcheurs, des gens qui triment et qui bossent, ça va vous péter à la gueule." »

Dans cette réaction « teigneuse, cabochardе », on perçoit encore l'héritage des Cadiou : « Ils avaient un vrai sens de la justice. Je les idéalise peut-être. Mais pour moi, c'est zéro défaut. » À sa façon, François Pinault leur rend un hommage quotidien : « J'aimais l'écriture manuscrite, les pleins et les déliés, et aujourd'hui, je crois que j'ai une belle écriture, peut-être l'écriture du primaire. Chaque jour depuis quarante ans, soir et matin, j'écris au stylo-plume ce que j'ai fait la veille, quelques pensées, ou les gens que j'ai rencontrés. Je garde les cahiers, je n'en fais rien. Je m'y plonge parfois, retrouve le souvenir de gens que je n'ai pas oubliés. Ce n'est pas inutile de fixer un peu ses idées. Il n'y a parfois que trois lignes, mais jamais rien. Demain, j'écrirai que vous m'avez interrogé sur ma jeunesse… »

Cette jeunesse, pourquoi ne pas l'avoir racontée plus tôt ? « La honte ! J'ai eu longtemps honte de ma condition. Les Cadiou n'y pouvaient rien. La honte, c'est un sentiment qui peut vous tarauder toute votre vie. Ce village où j'ai grandi, Trévérien, j'ai mis du temps à pouvoir y emmener quelqu'un. Maintenant, ça va mieux, et encore… »

Barbara Carlotti

Une fille qui aime l'amour, l'argent, le vent pourrait-elle aussi avoir aimé l'école ? On veut en avoir le cœur net, et on sonne un jour chez Barbara Carlotti, on grimpe les étages par un escalier de guingois pour se retrouver dans son minuscule appartement près du Père-Lachaise, attablé à un mètre cinquante du piano.

D'emblée, la chanteuse, qui avec son émission *Cosmic Fantaisie* défie depuis des mois les lois de la gravitation musicale sur France Inter, nous prévient qu'elle a « très peu de mémoire ». Et elle nous entraîne au loin : « J'ai rêvé l'autre jour que je donnais une conférence sur la beauté. Et je récitais "Je suis belle ô mortels ! comme un rêve de pierre...", poème que j'ai appris en classe de cinquième, et qui a déclenché chez moi cette passion pour Baudelaire qui ne m'a jamais quittée. Or, j'ai fait ce rêve au moment où je commençais à travailler sur "La Fille", le spectacle que j'ai monté avec Christophe Blain. J'entrais dans un processus créatif, et cette poésie fondatrice s'est interposée : qu'est-ce qu'écrire ? Que signifie vouloir créer de la beauté ? Une œuvre d'art, ça doit être beau ou pas ? »

Barbara Carlotti parle comme elle chante, de cette voix intrigante, envoûtante, joliment gouailleuse, grave avec des échappées cristallines. Elle n'est pas seulement une voix, une des très – trop – rares chanteuses françaises « qui chantent vraiment », elle écrit de beaux textes qui parlent de dimanches d'automne, de nuits sans lune, d'attentes, de voyages.

L'histoire commence vers la fin du XXe siècle, la petite Barbara vit au milieu de ses nombreux frères, sœurs, cousins, cousines, à Clamart, banlieue raisonnablement aisée, sur les collines au sud de Paris. Et la voici en cinquième propulsée au lycée Rabelais, sur la colline voisine et nettement plus bourgeoise de Meudon. « Je ne sais pas pourquoi mes parents m'avaient mise là, peut-être parce que certains de mes cousins habitaient Meudon, mais je me suis très mal intégrée. L'adolescence est un moment tellement cruel ! Et dans ces milieux un peu bourges, les enfants sont dix fois plus bourges que leurs parents. J'étais rebelle. »

Tout se serait mal passé s'il n'y avait eu à Rabelais une enseignante, une seule : « Corse, comme moi. La cinquantaine. Je ne parviens pas à retrouver son nom. Ce qui frappait au premier abord, c'est qu'elle avait un bras en moins et une prothèse. J'adorais cette nana. Elle nous avait raconté qu'un jour elle s'était simplement penchée par la fenêtre, et qu'une voiture lui avait arraché le bras. Aujourd'hui, je dirais qu'elle avait un petit quelque chose de Marguerite Duras. Fumant, la voix rauque, pas très grande, un peu masculine, un peu forte, une intello. » Bref, une femme qui pourrait être l'héroïne d'une chanson de Barbara Carlotti.

Ce n'est évidemment pas la raison pour laquelle la chanteuse se souvient de cette professeur qui enseignait le français : « J'avais un rapport compliqué à la lecture. Des périodes où je lisais beaucoup, d'autres très peu. Des périodes où je me laissais happer, d'autres où ça me demandait beaucoup de concentration. Elle a fait entrer la littérature dans un rapport plus simple. D'abord parce qu'on ne rencontrait plus seulement des textes, mais des auteurs. Elle nous faisait découvrir que des personnes écrivaient, avaient une vie particulière, que cette vie leur inspirait certaines choses, que leurs textes étaient importants mais leur histoire aussi. »

Et parmi ces auteurs, Baudelaire ! Le choc : « Je n'avais que douze ans ! » *La Beauté,* donc. Et *Spleen,* le ciel bas et lourd qui pèse comme un couvercle. Et tant d'autres. « J'ai tout lu, j'aimais cette noirceur, cette grande mélancolie. Toutes ces images si simples, et si fortes. » Le problème est qu'il ne fallait pas seulement les lire, ces poèmes, mais aussi les apprendre et les réciter devant les autres élèves : « J'étais volontaire, mais extrêmement timide et mal à l'aise. Cela reste un traumatisme d'avoir tellement aimé ces vers et eu autant de mal à les dire en public. J'y arrivais, mais j'avais des trous de mémoire, je rougissais. Je ne me souvenais pas de la fin du texte que j'avais appris avec beaucoup de passion. Trop, sans doute... »

La prof à la voix rauque prêtait beaucoup d'attention à la petite Barbara : « Je crois qu'elle avait compris ma passion sous la timidité. C'est aussi pourquoi je me souviens d'elle : elle a pris soin de moi un peu plus que des autres élèves. Dès qu'elle parlait de poésie, elle avait une attention particulière, en tout cas, je le prenais pour moi… » La chanteuse dit « ne plus se rappeler aucun programme dans aucune matière », mais garde en mémoire les rédactions qu'elle avait dû faire, portée par l'enthousiasme de sa prof : « C'était quelqu'un de passionné. Et puis il y avait peut-être aussi ce truc corse. Je pense qu'on en avait parlé. »

Barbara Carlotti en est convaincue : « Mon goût pour la chanson vient de cette année-là. L'amour de la musique est venu avant les textes, bien sûr, mais c'est le plaisir de dire et entendre de la poésie qui m'a fait aimer la chanson. D'ailleurs, je continue à en lire beaucoup, cela fait pour moi partie du processus créatif. » Et puis, ajoute-t-elle, « peut-être les difficultés à les dire et la frustration qui en naissait m'ont-elles donné envie de monter sur scène… » N'est-ce pas davantage Baudelaire que cette enseignante qui a changé sa vie ? « Mais sans elle je n'aurais pas découvert Baudelaire si tôt, et peut-être pas du tout ! L'envie de porter de beaux textes, qui ont du sens, un sens intime, c'est elle. Cette prof-là, et Baudelaire, ça a déclenché un truc. À tel point que je le relis sans cesse. Et que j'ai eu envie de revisiter le dandysme. » En février 2011, Barbara Carlotti, qui dit s'être inspirée de *La Vie antérieure* pour sa chanson *L'Idéal*, a créé à la Cité de la musique une ballade littéraire et musicale intitulée *Nébuleuse Dandy*…

Barbara Carlotti n'a eu cette enseignante qu'une seule année, et n'a curieusement plus eu de contacts avec elle. « J'ai appelé ma mère et mes cousins, personne ne parvient à se souvenir de son nom », ajoute Barbara Carlotti, visiblement contrariée. Les années suivantes au lycée Rabelais se sont mal passées : « Je commençais à être un peu limite, toujours en opposition, à emmerder les profs et à travailler juste ce qu'il fallait. Une sévère crise d'ado. C'est pour cela que Baudelaire me plaisait. Être à l'écart, solitaire, libre. Faire par soi-même. Il faut dire que je suis d'une famille assez nombreuse. Deux sœurs, un frère, et plein de cousins. On était tout le temps en communauté, en groupe, avec l'idée qu'il fallait faire comme tout le monde. » Mise à la porte du lycée Rabelais en classe de seconde, Barbara Carlotti se retrouve à Sèvres, dans un lycée expérimental : « Beaucoup moins rigide, une population mélangée... » Place aux copains musiciens, aux répétitions dans les garages, aux virées rock et folk.

Barbara Carlotti fait du piano jazz, passe son bac d'abord, veut être « artiste ». Les parents Carlotti veillent au grain. D'accord pour que la petite étudie la musique, à condition de « faire aussi quelque chose de sérieux, qui donne un avenir, genre... aller à la fac ! » Pour ne pas déplaire, la jeune fille suit un copain en « médiation culturelle » à Censier, sans même savoir de quoi il retourne. Par chance, l'histoire de l'art, du cinéma, des mythes, tout la passionne. Mais son tropisme musical s'accentue : elle s'inscrit en fac de musicologie, rêve d'étudier les techniques d'apprentissage du chant dans tous les pays. Bref, tourne autour du pot. Jusqu'à son inscription à l'université de Saint-Denis : « C'est là que j'ai vraiment commencé à chanter. Giovanna Marini y enseignait, et plein de profs passionnants. J'ai découvert le baroque, le lamento d'Arianna de Monteverdi.

Mais j'avais vingt-deux ans, et pour être chanteuse lyrique, il faut commencer à seize. Je me suis inscrite au Conservatoire d'Issy-les-Moulineaux, sans trop rêver à une carrière, en sachant juste que je voulais chanter. »

Seulement, à Issy exerce une prof de chant exceptionnelle, un personnage aussi fascinant que la baudelairienne au bras articulé du lycée Rabelais, « une grande rousse très belle », qui a chanté dans la dernière troupe permanente de l'Opéra de Paris : Eva Serova, soixante ans, soprano tchèque, aime la voix grave de son élève. « Elle me disait que ça lui rappelait son pays. Et elle ajoutait : "Tous les soirs, quand je rentre chez moi, je bois un verre de vin et je fume une cigarette." Cela m'impressionnait car on m'avait toujours dit qu'il ne fallait pas fumer quand on chante ! » Barbara Carlotti restera quatre ans avec sa prof, bien consciente toutefois d'avoir commencé le chant lyrique un peu tard. « Elle m'a dit très vite quelque chose de rassurant : chanter, jouer la renvoyait au temps de son enfance ; elle avait toujours sept ou huit ans. Moi aussi, je crois qu'on ne vieillit pas, qu'on est un peu toujours les mêmes. En tout cas, chanter nous met dans l'état de nos premières années. »

Eva adore la voix de la jeune Barbara. Sauf que la voix de Barbara n'est pas la voix de Barbara, du moins pas celle qu'elle croit avoir : « Je pensais être alto, elle m'a fait découvrir que j'étais mezzo. C'est elle qui m'a fait monter, m'a fait percevoir les aigus dans ma voix, elle qui a étendu mon registre. Elle me disait : "Ta voix sonne mieux en tant que mezzo. Écoute ! Ça marche !" » Barbara Carlotti découvre un registre qu'elle n'a jamais exploré : amatrice de jazz, elle a longtemps été troublée par la voix si grave de Sarah Vaughan. De là à penser qu'elle « voulait » à tout prix être alto... « Mais non, je pensais réellement l'être ! Je chantais depuis l'adolescence dans des groupes de rock. Je ne fumais pas et j'avais une voix grave. Simplement, je n'avais pas exploré les aigus, Eva Serova m'a révélé ma voix. »

Restait la question de la puissance : « Eva m'encourageait, croyait en ma voix. Mais j'étais trop timide pour le chant lyrique. Envoyer une puissance telle qu'on traverse une salle de concert, il faut vraiment le vouloir ! Y croire, y aller ! Accepter les vibrations qui vous parcourent le corps. J'aimais le chant lyrique, j'écoutais beaucoup Cecilia Bartoli, je regardais ses vidéos, je travaillais toute la journée, mais ça ne correspondait pas à ma personnalité. Pudique et réservée, je chante de façon très sobre... » Ne dites pas à Barbara Carlotti qu'on ressent dans sa voix davantage de puissance que chez bon nombre de chanteuses françaises : « Oui, bien sûr, je m'applique, j'ai envie de bien chanter, et je chante de vraies mélodies, mais je chante très proche de ma voix parlée, et cela correspond vraiment à ce que je suis. »

Aujourd'hui, Barbara Carlotti en est certaine, Eva Serova lui a donné confiance et a ouvert une brèche : « C'est à cette époque que je me suis mise à écrire des chansons, et ce n'est pas un hasard. Je ne voulais plus chanter les chansons des autres, je comprenais que je pouvais chanter des choses que j'écrivais. » L'élégance de la soprano tchèque, sa théâtralité y étaient pour beaucoup : « Elle me parlait des rôles du lyrique, me faisait comprendre que chanter, c'est être en scène, incarner un personnage. Que la musique découle aussi des intentions, de ce qu'on raconte. »

« Il faut être fasciné par ses profs, par ce qu'ils sont », dit encore Barbara Carlotti. Eva Serova était une femme élégante et très belle, fantasque et drôle : « Elle me séduisait beaucoup en tant que femme. On devient... enfin, on a envie de devenir l'autre. » Eva ressemblait-elle à son élève ? « Non, je ne crois pas. Mais moi, j'avais envie de lui ressembler. Elle était elle-même quand elle me racontait telle scène à l'Opéra, comment elle la jouait. Avec elle, c'était toute une vie. » La Barbara Carlotti qui met en scène une BD décoiffante (*La Fille,* Gallimard, 2013) avec Christophe Blain, ne suit-elle pas la même trajectoire ? « Oui, être musicienne, ce n'est pas que faire de la musique, c'est lui donner une dimension supplémentaire. »

La musique comme mode de vie, ce fut assurément le grand changement, une perspective nouvelle dans la vie de la jeune fille : « Il n'y avait pas d'artistes dans la famille. Je ne viens pas d'un milieu où les gens font de la musique, ma mère nous emmenait peut-être au concert, mais c'est tout. Gagner sa vie comme artiste, ça n'existait pas autour de moi. Je n'avais jamais rencontré de gens disant : "Ma vie, c'est composer" ou "peindre". » Mais n'y avait-il pas tout de même un piano à la maison ? « Oui, ma mère avait fait du piano jeune, elle avait arrêté, mais gardé le piano. On nous emmenait, mes cousins et moi, au solfège, la musique faisait partie de l'éducation, mais devait rester un hobby. Il n'était pas question que cela devienne une vocation. » Et les chants corses du père ? « Il chantait, oui, de temps en temps, mais cela n'avait rien d'extraordinaire. Tous les Corses chantent des chants corses ! Il n'y a que dans l'Hexagone qu'il n'y a plus de chants populaires. »

Deux profs ont donc fait de Barbara Carlotti une vraie chanteuse et une musicienne qui écrit ses textes. « Je ne suis pas dans la transmission, j'aime apprendre en partageant une expérience. Cela a rarement été le cas dans ma scolarité. Ma professeur de français, elle, cherchait à faire partager des émotions à travers la littérature. Et Eva Serova, en me racontant sa vie, parfois de façon intime, me faisait participer à la grande histoire de la musique. » Ces deux enseignantes, estime Barbara Carlotti, devaient lui ressembler : un peu en marge... « Les jeunes bourgeois de Meudon se foutaient un peu de la gueule de ma prof, elle était étrange, c'est aussi pour cela que je l'aimais beaucoup. Je ne sais pas ce qu'elle est devenue, je n'arrive pas à retrouver son nom. Je ne l'ai pas revue, pas davantage qu'Eva Serova. Je n'ose pas retourner voir les gens, j'ai peur de déranger. »

Le lendemain de notre rendez-vous, Barbara Carlotti, visiblement soucieuse de ne pas laisser son enseignante sans nom, envoie ce message : « Ma professeur de français s'appelait Mme Guillaumet. »

Bruno Podalydès

De *Versailles rive gauche* à *Liberté-Oléron*, il y a beaucoup d'enfants et de grands enfants dans les films de Bruno Podalydès. Mais pas de salle de classe ni de professeur en exercice. Juste, dans *Bancs publics*, une prof d'anglais (Nicole Garcia) devant laquelle tombe en arrêt un de ses anciens élèves (Vincent Elbaz), hurluberlu qui n'a pu dégoter qu'un boulot minable dans une fête foraine. Il faut croire que les cours de Nicole Garcia n'ont pas donné de résultats sensationnels, puisque le garçon, fan de Donovan et de sa chanson antimilitariste *Universal Soldier*, a toujours entendu « *Californie my friend* » en lieu et place de « *Kill you for me my friend* ». La séquence dure deux ou trois minutes, c'est le seul tribut payé par Bruno Podalydès à l'Éducation nationale. Ah, si, il y a aussi un enseignant dans *Adieu Berthe*, mais il se trouve dans une urne funéraire en forme de bouteille isotherme. « Ne touchez pas ! » dit Bruno Podalydès, en patron d'une improbable entreprise de pompes funèbres, à un client (Denis, son frère) qui vient rechercher le corps de Berthe. « C'est un prof de maths, il part demain par la poste. »

Ne pas se fier à ces indices. Bruno Podalydès n'a rien contre les profs. Rigoureusement rien. Pas même contre les profs de maths. Rien contre les maths non plus. Il n'est pas du genre à se vanter d'avoir été un cancre, et revendique même un cursus scolaire tout à fait honorable. Mais il est obligé d'en convenir : « Je n'aimais pas l'école pour une seule raison : elle me privait de mes jeux. C'était un arrachement de quitter ma chambre, quelle que soit l'heure. J'étais, par exemple, en plein 6 juin 1944. Or, reconstituer le Débarquement nécessitait une mise en scène énorme, des figurines, des véhicules ! La chambre était bloquée pendant soixante-douze heures. C'était vraiment *Le Jour le plus long.* Ce film m'avait beaucoup marqué. L'attente, la préparation… je faisais la même chose. Or, l'attente, je ne la retrouvais pas à l'école. La rêverie non plus. »

Bruno Podalydès rêvait aussi sur *L'Homme du* Picardie, feuilleton télévisé français en quarante épisodes, diffusé à la fin des années 1960 sur la première chaîne de l'ORTF, qui raconte l'histoire de la famille Durtol, mariniers de père en fils : « Denis et moi, on réunissait nos deux lits, on plaçait le baby-foot dessus, ça faisait la cabine de la péniche, et on partait sur la Seine. » Il y avait toujours un jeu en construction, avec les « frères Poda ». Et le départ pour l'école sifflait chaque fois l'arrêt de la mise en scène. L'Éducation nationale pouvait compter sur la vigilance du père des garçons (Bruno Podalydès a créé son double : le tyran de *Liberté-Oléron*), un père « obnubilé par les notes de conduite, qu'il plaçait bien au-dessus des résultats scolaires ». Or, Bruno Podalydès, de son propre aveu, était très guignol et très bavard. Donc, régulièrement privé de télé par son père pour de longues périodes : « C'est ainsi que j'ai vu *Angélique, marquise des Anges* dans le reflet des lunettes de mon père. La télé était dans le salon, on dînait dans la salle à manger mais il avait installé un invraisemblable dispositif perso pour ne pas rater le programme : un miroir dans un fauteuil qui reflétait la télé. Eh bien moi, je captais le reflet de ce miroir dans ses lunettes... »

Le Jour le plus long, *L'Homme du* Picardie, *Angélique*... la vraie vie ! Une vie pleine d'aventures et d'histoires. « Les seuls profs qui retenaient mon attention étaient ceux qui enseignaient leur matière sous l'angle d'une histoire. Même les mathématiques, il fallait qu'elles soient racontées comme une aventure humaine. » D'où surgirait le plaisir d'apprendre : « Très peu de profs évoquaient ce plaisir. Je garde le souvenir d'une contrainte permanente. D'obstacles à franchir. Si l'on parlait de Maupassant, il fallait se le faire, Maupassant, le nom même de Maupassant devenait poussiéreux, c'était *mots passés*, alors que je l'ai redécouvert en voyant *Le Plaisir* de Max Ophuls... »

Au rejet initial de l'école chez Bruno Podalydès, il y avait aussi une raison existentielle : « Dans ma chambre, j'inventais, du moins j'avais l'impression d'inventer même si je ne faisais que mimer. Alors qu'à l'école, je recevais passivement un monde qui nous préexistait. » À en croire la doctrine catholique, tout nous préexistait. Dieu avait créé le monde, il n'y avait qu'à s'incliner devant sa création, et accepter d'être un humble exécutant. Pas facile à avaler pour un petit garçon à l'imagination débordante. Jusqu'au jour où

Bruno Podalydès reçut le plus grand choc de sa vie : un prof d'histoire parla de la Déclaration des droits de l'homme comme d'une « invention de l'homme ». Ainsi, Dieu n'avait pas inventé la Déclaration des droits de l'homme ! Et le lieu de l'aliénation qu'était l'école devint le lieu de la libération : « La Déclaration des droits de l'homme, si elle ne nous préexistait pas, apportait la preuve qu'on pouvait inventer par nous-mêmes… J'étais euphorique. »

Bien plus tard, à l'heure de la fac – un Deug de biologie à Orsay –, un professeur de mathématiques allait parachever le travail : « Il a définitivement répondu à la question philosophique qui me préoccupait depuis toujours, à partir de l'exemple des mathématiques : nous préexistent-elles ou sont-elles une création humaine ? Ne faisons-nous qu'avancer notre lampe de poche dans un univers mathématique préexistant, ou produisons-nous cet univers au fur et à mesure de nos questionnements et de nos découvertes ? » L'enseignant racontait très simplement cette aventure : chaque fois que l'homme a créé un espace, disait-il, c'était pour répondre à une nouvelle question qu'il se posait. Pour compter ses légumes, le paysan n'avait besoin que des nombres entiers. À partir du moment où il lui fallut les vendre et diviser trois par deux, il inventa les nombres décimaux. Lesquels nombres n'attendaient pas d'être découverts : c'est l'homme qui forgeait ces outils pour répondre à la nouvelle question qu'il se posait. Et ainsi de suite… « Pourquoi ne m'avait-on pas raconté le monde ainsi dès le début ? Dans l'enseignement traditionnel, c'était "il y a ceci, il y a cela", on n'était au mieux que des découvreurs… »

Vraiment ? Tous pareils, les profs ? Il y a ceci, il y a cela ? Et rien d'autre ? En bon auteur de comédie, Bruno Podalydès ménage le suspense. Toute cette histoire de « préexistence » n'était qu'une mise en bouche pour une incroyable histoire qui démarra au milieu des années 1970, à Versailles, au prestigieux lycée Hoche, où le jeune Bruno terminait une seconde C au milieu des gosses « coachés par leurs parents pour faire Polytechnique ou HEC ». Viré, Poda. Direction Saint-Cyr-l'École, près de Versailles, dans le lycée public où enseignait sa mère – prof d'anglais. « C'était le bonheur, parce que, un, je quittais Hoche, deux, je redoublais, trois, je passais de section C à AB, et quatre, je quittais un lycée de garçons pour un lycée mixte. Et puis ma mère y enseignait, donc c'était un peu chez moi, ce nouveau lycée. Le nirvana ! »

Bruno Podalydès ne se doutait pas que le meilleur était à venir... Des cheveux longs, une barbe « à la Maxime Le Forestier », une allure de « gaucho de base tels que mon père les détestait », allure déroutante pour un jeune Versaillais « plus préoccupé de rencontrer des filles dans les rallyes que de se frotter à la connaissance ». Ce barbu s'appelait Georges Labbouz. Il enseignait l'économie, matière principale de la section AB : « Ce qui m'a tout de suite séduit chez ce prof, c'est qu'il avait l'air de douter de ce qu'il disait. Il nous demandait implicitement de valider ses propos. Du coup, on réfléchissait avec lui. » Georges Labbouz était un économiste sceptique... « On était juste après la grande crise du pétrole de 1974, il y avait de quoi douter ! » Le prof suggérait qu'on avait longtemps exploité les pays du tiers-monde et qu'on ne payait pas les matières premières à leur juste prix...

Rentré chez lui, le jeune Versaillais fit siens ces arguments et les testa auprès de son père. L'effet fut immédiat. Le jeune impudent se fit remettre à sa place : Mon fils, les Occidentaux ont construit les hôpitaux, les routes, le bilan est globalement positif. « Pied-noir, mon père avait gardé une vision un peu colonialiste de l'Afrique... » Le lendemain, armé de ces nouveaux arguments réactionnaires, le jeune Bruno déboula chez Labbouz, se garda bien de dire « mon père m'a dit », reprenant la parole paternelle à son compte « histoire de faire le malin ». Georges Labbouz, pas content, démontra à nouveau le contraire de ce que son élève lui assenait... « J'étais une balle de ping-pong. C'était dialectique. Je crois que je me construisais mon propre avis comme ça. J'ai toujours fait ça par la suite. Quand on dit "se faire l'avocat du diable", en gros c'était ça. »

Une vedette, déjà, Bruno Podalydès ? « Je crois, oui, parce que je portais la contradiction, ce que les autres ne faisaient pas. Il faut dire que j'étais un des seuls à avoir un père franchement à droite. Je me sentais courageux, avec mon père et avec lui. D'aller répéter à mon père qu'on avait tout piqué en Afrique et de répéter à Georges que les Français avaient construit des écoles. J'en prenais plein la gueule dans les deux camps. »

Avec le recul, Bruno Podalydès pense avoir fait douter Georges Labbouz : « C'est ce qu'il m'a dit par la suite, mais ce n'était pas mon intention ! Simplement, comme il avait l'air de réfléchir à voix haute, je m'y mettais moi aussi. »

Ce que le jeune Bruno ne savait pas à l'époque, c'est que Georges Labbouz était également pied-noir. Et qu'il avait été... élève de la mère de son jeune contradicteur ! Sept ans plus tôt, en 1968, le futur prof barbu était un écolier en cravate, cheveux courts, pas du tout soixante-huitard. Ainsi s'était-il déjà métamorphosé une fois dans sa vie ! Multiple, donc faillible, ce qui le rendait encore plus intéressant. « Pour moi, tous les autres profs étaient monolithiques, ils avaient toujours pensé de la même manière. Pas Georges ! Il y avait en lui des contradictions. C'était une pensée en mouvement, ma première pensée de gauche, pour résumer. Alors que mon père formulait, jour après jour, une pensée de droite, immuable. »

Ce que le lycéen ne savait pas non plus, c'est que Georges Labbouz n'en était qu'à sa deuxième année d'enseignement, et qu'il n'allait être prof en tout et pour tout que deux ans dans sa vie ! L'année terminée, sa carrière d'enseignant s'est arrêtée là : « Il est devenu avocat de la CFDT, et l'est resté ! » À nouveau cheveux courts, à nouveau en cravate, Georges Labbouz, en 1976, avait encore muté... « Je l'ai perdu de vue. Et puis un jour, dans les années 1990, *Libération* me demande mes "dates clés", je mentionne ma rencontre avec lui, en parle comme d'un révélateur politique. Georges Labbouz ne lit pas *Libé*, mais son frère, en poste à la Gaumont, provoque un déjeuner, et je retrouve Georges, avec ses cheveux courts et sa cravate, qui avait gardé le souvenir de moi et beaucoup d'affection pour ma mère. »

Vous avez peut-être déjà vu Georges Labbouz ! Car à la suite de ce déjeuner, Bruno Podalydès a proposé à son ancien prof un rôle dans *Bancs publics* : guettez-le dans le magasin Brico Dream tenu par un gérant débonnaire que joue Bruno, il est cet acheteur qui vient acquérir une scie et une grosse valise, un type un peu inquiétant, un tueur potentiel… Bruno Podalydès a ensuite demandé à Labbouz de jouer un cousin à l'enterrement de Berthe. « Georges aime beaucoup le cinéma, sur les deux tournages, il est resté plusieurs jours, au-delà de sa prestation, il a sympathisé avec tout le monde… » Le cinéaste lui a fait part des raisons pour lesquelles il avait tant compté pour lui, cette question de l'interrogation et du doute qui le hantait.

« Georges n'a pas changé ! Président d'un club de basket, il a toujours peur de l'abus de pouvoir. Il craint d'avoir des pensées sécuritaires quand il est confronté à des gens qui ne respectent pas le matériel public, ça le choque profondément. Et il ne supporte pas sa réaction : "J'ai des pensées de droite qui m'assaillent !" Il me touche parce qu'on a tous nos contradictions, mais lui les avoue… » Bruno Podalydès fait un constat tardif : « Finalement, il rejoint mon père, car il parle maintenant de ses origines pieds-noires. Je ne les ai pas présentés l'un à l'autre, mais je suis sûr qu'ils s'entendraient très bien. »

L'enseignant n'était pas pour autant un père de substitution : « Il n'était pas du tout protecteur, au contraire, et c'était très déstabilisant. Il pouvait écrire une phrase au tableau et ne pas la terminer. » Bruno Podalydès lui en est reconnaissant, à l'heure où tant d'économistes tentent de faire croire que leur matière est une science : « Je ne pouvais plus croire en l'économie après ce prof. En revanche, la politique oui... » L'idée qu'on ne vote pas pour soi mais pour les autres, la pensée du collectif, le bien commun au-dessus des lois du marché... « Son autorité était fondée là-dessus. Il était respecté, parce qu'il avait une idée forte de l'enseignement public tout en singularisant son discours. C'était un gauchiste qui respectait les institutions mais pouvait s'emporter pour des idées ! »

Bruno Podalydès croit savoir qu'il « n'était pas l'homme des notes. Je ne veux pas l'idéaliser trop, mais je pense que c'est un système dans lequel il ne se retrouvait pas ». Père de deux garçons, le cinéaste déplore qu'on ait formé les enseignants aux objectifs pédagogiques, avec un système d'évaluation délirant et ce mot, *compétence,* « qui est atroce ». Avec Georges Labbouz, il n'y avait pas d'objectif à atteindre : « On savait qu'on ne ferait que 10 % du programme, mais ces 10 %, il en resterait quelque chose. Georges avait un rapport au temps très différent. Pas le souci d'efficacité. Je n'avais jamais connu ça avant ! »

Il fut l'homme d'une rupture. Rupture avec Versailles « où même les meilleurs élèves de Hoche ne lisaient pas le journal et vivaient avec des œillères ». Rupture avec l'innocence de l'enfance : « Aller en classe et découvrir en même temps la politique et les filles, c'était énorme. Georges Labbouz a été pour moi la porte d'entrée vers un monde nouveau. »

Aurélie Filippetti

Faire des études, réussir, c'était, de toute éternité, la mission que lui avaient confiée ses parents. Ils avaient rêvé pour elle des sciences, de l'espace ou du journalisme. Mais cette « Athéna sortie tout armée du cerveau de son père » choisit la philosophie. « Quoi de pire, nous dit-elle page 87 des *Derniers Jours de la classe ouvrière* (Stock, 2003), la philosophie, rien de plus nécessaire et de plus étranger à leur monde. » Voici onze ans déjà que la normalienne Aurélie Filippetti, à l'époque enseignante, a écrit ce livre hommage. Depuis, la philosophie s'est effacée devant la culture et son ministère. Rien de plus nécessaire, certes, mais plus éloigné encore de « leur monde »...

Un soir de février 2014 au Palais-Royal. Le ministère semble désert, la ministre, presque seule. Immensité solennelle du salon Jérôme, chambre de parade du duc et de la duchesse d'Orléans. Où va-t-on s'asseoir ? Peu importe, nous ne resterons pas longtemps perdu sous les dorures. Aurélie Filippetti nous emporte très vite là-bas, dans ce monde qui fut le sien, et qui le reste, les vallons de la Moselle, à la frontière avec le Luxembourg.

Au milieu des années 1980, Audun-le-Tiche compte six mille habitants, et autant de mineurs et d'enfants de mineurs. La commune est séparée de Villerupt par les hauts-fourneaux de l'aciérie de Micheville, qui vont s'arrêter définitivement de cracher en 1986. Le maire d'Audun-le-Tiche, Angelo Filippetti, militant communiste, fils de mineur, est descendu au fond à quatorze ans. Son père est mort à la fin de la guerre, déporté avec treize autres camarades pour faits de résistance, après avoir été arrêté au fond du puits : les maîtres des forges avaient laissé les Allemands entrer dans la mine. La femme d'Angelo, Odette, est aussi fille d'un ouvrier italien, qu'elle n'a pas connu, tué juste après sa naissance pendant la construction d'un barrage dans le Cantal.

Angelo et Odette ont une fille, Aurélie, scolarisée au collège Émile-Zola. Très bonne élève, Aurélie. Première ? « Oui, première. » Dans toutes les matières ? « Je ne pouvais faire autrement... » Poussée ? « Oui, poussée, mais j'adorais l'école, depuis toujours, je ne sais pourquoi, j'étais bien, c'était mon élément, j'aimais apprendre. » Et puis, ajoute-t-elle, « l'école était une délivrance, une forme d'évasion ».

La jeune Aurélie entamait sa cinquième quand une nouvelle enseignante arriva au collège. « Au début, j'étais réfractaire, peut-être simplement parce que j'aimais bien ma prof précédente et qu'une nouvelle dans le collège, c'était un événement perturbant : "Qu'est-ce que c'est que celle-là ?" » D'autant que Martine Rebmann venait « d'ailleurs » : « Nous, on habitait les lieux, ma mère travaillait au collège, tous les profs résidaient là... »

Les fenêtres de la salle de classe 228 donnaient sur les aciéries : « Je me souviens du jour où ils les ont arrêtées. Puis détruites, trois ou quatre ans plus tard, on a assisté à ça, c'était vraiment les derniers jours de la sidérurgie. » Martine Rebmann était une toute jeune enseignante, Audun-le-Tiche était son premier poste, elle s'était installée à Villerupt dans un petit appartement. Et ce qui avait semblé un peu incongru à la jeune Aurélie devint vite un atout : « Qu'elle soit venue d'ailleurs m'est apparu comme un vent de liberté. Un ailleurs bien relatif, Sarreguemines, je crois, un peu plus à l'est, mais un ailleurs. Et puis, elle était célibataire, sans enfant, moderne, différente – en tout cas je la voyais comme ça. » Mais surtout, Martine Rebmann fut une prof extraordinaire, respectueuse de ses élèves, à peu près tous des enfants d'immigrés. « Elle était sans démagogie, prônait une littérature de qualité. Elle nous a très vite fait lire Georges Perec – et nous n'étions pas à Henri-IV ! » À la fois chaleureuse et exigeante, l'estime des élèves lui était assurée en retour...

Fille d'ouvriers, certes, Aurélie Filippetti était loin d'être défavorisée : « Mes parents m'achetaient des livres, j'avais suivi tout le cursus Bibliothèque rose, verte... Eux-mêmes possédaient une bibliothèque bien remplie : l'intégrale des éditions Messidor, bien sûr, les éditions du Parti communiste français, et donc, Lénine et Karl Marx, les œuvres complètes d'Aragon et d'Éluard, mais aussi Balzac et Zola.

Des représentants passaient à la maison, ça marchait par abonnement et ne devait pas être très cher. C'était vraiment l'éducation populaire. Mais, pour moi, ce n'était pas des livres vivants. »

Les livres vivants, Aurélie Filippetti va les découvrir avec Martine Rebmann, de la cinquième à la troisième : « J'ai passé trois ans avec elle, à un âge charnière ! Elle m'a ouvert les yeux, m'a fait découvrir la littérature. Car ce n'était pas seulement une prof de français. Une de ses fiertés était d'être professeur de lettres modernes. Elle nous parlait de Samuel Beckett, Marguerite Yourcenar, Boris Vian, Simone de Beauvoir ! Uniquement de la littérature contemporaine, et elle lui donnait vraiment du sens. Elle respectait le programme puisque, par chance, en troisième, on abordait le XXe siècle. On a dû faire Céline aussi. Tout cela m'a donné l'envie de lire ; elle m'a beaucoup encouragée, beaucoup poussée. » Un jour, elle dit d'une élève qu'elle était « camusienne ». « Ce mot m'a plongée dans des abîmes. Qu'est-ce que ça pouvait bien vouloir dire être camusien ? Puis j'ai compris que c'était le rapport à la vie, le sens de l'absurde, et je me suis dit : plus tard, je serai camusienne… »

Martine Rebmann enseignait le français dans un univers plurilingue. « Elle était parfaitement bilingue, français-allemand. Dans ma famille, ma grand-mère paternelle parlait l'italien, évidemment, l'allemand et le luxembourgeois, mais pas très bien le français. Ma grand-mère et ma tante parlaient italien ensemble ou avec mon père, mais mes parents jamais, car le père de maman était mort quand elle était toute petite, elle n'avait donc pas appris l'italien à la maison. Nous, les enfants, baragouinions tous en italien. Mais à l'école, nous parlions toujours français. L'italien, c'était une imprégnation, comme dans les BD de Baru. Je connais bien son univers, ma tante habitait au-dessus de la piscine de Micheville... »

Martine Rebmann fit bien sûr étudier *Germinal* à sa classe : « Comme nous étions tous des enfants de mineurs, ce livre n'était pas très exotique ! Trop près de notre monde pour que nous puissions comprendre à quel point il était important. Nous n'avions pas le recul pour l'apprécier vraiment. Mais pour nourrir le travail littéraire, nous avions fait de superbes exposés sur le fonctionnement des hauts-fourneaux... »

La jeune enseignante aimait « développer l'esprit subversif des élèves ». Elle décida un jour une visite scolaire à Verdun, à l'ossuaire de Douaumont. Au retour, elle proposa à ses élèves une rédaction libre, autour de ce que chacun avait ressenti : « Ma rédaction portait sur le sens de la vie. Sur le fait que parler de "deux millions de morts" ne voulait rien dire. Que c'était deux millions de fois une vie. La tonalité était assez antimilitariste, cela lui avait plu. Elle nous avait fait écouter *Le Déserteur...* » Ou encore Henri Tachan, le poète engagé : « L'adolescence, c'est un coin d'herbes folles, de bleuets, de chiendent... » Aurélie Filippetti chantonne sous les ors du Palais-Royal, la collégienne resurgit : « Elle savait nous parler, dans un moment où on se cherche, où on est en rébellion. »

Engagée, mais attentive aux opinions de ses élèves, Martine Rebmann les initia à la rhétorique. « Elle organisait des confrontations autour d'une problématique. Il fallait apprendre à défendre un point de vue. On tirait au sort à la fois le sujet et la position à défendre, pour ou contre. Je me souviens que je devais défendre celle des partisans de la peine de mort, et que je n'y étais pas parvenue. Elle voulait nous faire comprendre ce qu'était l'argumentation... » Elle ne négligeait pas les cours de grammaire, de langue, ou les dictées : « Mais c'était toujours enseigné de manière intelligente, fine. » Et, ajoute la ministre de la Culture, « le souvenir que j'en ai, peut-être un peu idéalisé, c'est que tous les élèves arrivaient à suivre. Alors qu'elle demandait beaucoup ».

Tout de même, être la fille du maire devait conférer un statut à part, non ? « Ah, mais c'était pénible pour moi ! Je ne me sentais pas libre. J'aimais bien l'école, mais une note un peu moins bonne me valait un drame à la maison. Je crois que mes parents étaient angoissés. L'un et l'autre avaient dû s'arrêter au certificat d'études, et c'était un grand regret pour eux. Ma mère avait rêvé d'être journaliste, elle aimait bien écrire. Certes, mes parents étaient heureux de leur vie. Mon père était très investi en politique, ma mère travaillait. Mais pour eux les études représentaient l'accès à la liberté, aux merveilles du monde. Ils avaient un immense respect pour les écrivains, les intellectuels. Ils ne demandaient pas qu'on fasse des études pour bien gagner sa vie, mais pour accéder à la culture, à l'art. Ils étaient porteurs de cet idéal-là ; l'idéal communiste encore très présent à l'époque, l'émancipation par l'art et par la culture. » Martine Rebmann, elle, n'était pas communiste :

« Non, parce qu'elle était antistalinienne. Mais à gauche sûrement. Et féministe : quand Simone de Beauvoir est morte en avril 1986, elle a accroché dans la salle de classe un grand article biographique, et elle a pris le temps de nous en parler. »

Angelo et Odette Filippetti aimaient beaucoup la prof de leur fille : « Ma mère était employée au collège, donc elle la connaissait bien. Mon père la charriait un peu, parce qu'il taquinait tous les profs, qui ne connaissaient pas le vrai travail, le travail manuel... » Dans *Les Derniers Jours de la classe ouvrière,* Aurélie Filippetti décrit avec causticité une visite un peu « touristique » de la mine par le corps enseignant en goguette : « Mes parents m'avaient raconté cet épisode, je pense qu'il est vrai, mon père l'a peut-être exagéré. Il avait un rapport paradoxal avec les enseignants : il les respectait beaucoup – les études étaient le gage de l'émancipation –, et en même temps il y avait toujours le fossé entre les classes manuelles et les classes intellectuelles. Martine, elle, avait à la fois de l'admiration et du respect pour lui et pour tous ces ouvriers. »

L'arrivée en seconde à Metz, au lycée Georges-de-La-Tour, fut rude pour la fille de mineurs. Mais Martine Rebmann avait donné à Aurélie Filippetti les armes nécessaires : « Au point que j'ai pu apprécier deux excellents enseignants à leur juste valeur : en terminale, M. Schmidt, un professeur qui m'a vraiment donné envie de faire de la philo, puis, en classe préparatoire, Marcel Ditche, un prof de latin-grec, grâce à qui j'ai été reçue au concours de Normale sup. J'aurais pu passer ma vie à faire des études avec des profs comme ça. Je n'ai jamais retrouvé à Paris cette relation particulière d'élève à enseignant. Comme Martine Rebmann, ces deux-là avaient un rapport existentiel à la littérature. Au fond, c'est ça la question : considère-t-on la littérature comme un divertissement ou comme la vraie vie ? »

À la fin de sa troisième, et avant la séparation, Martine Rebmann avait offert à son élève les œuvres complètes de Marguerite Yourcenar dans la Pléiade. « C'était la première fois que je voyais une Pléiade, j'étais émerveillée par ce papier, je l'ai encore évidemment. J'ai l'impression que, un peu comme les fées qui se penchent sur le berceau, elle m'avait jeté un sort. Sur nos bulletins, elle écrivait toujours que la voie, c'était la littérature... » Aurélie Filippetti aurait-elle écrit si elle n'avait pas eu cette enseignante ? « Je crois qu'elle a changé beaucoup de choses. J'aimais bien écrire avant, des poèmes, comme les enfants, mais elle m'a fait découvrir la puissance, la force de la littérature et de l'écriture, à un âge où on se pose beaucoup de questions sur le sens de la vie. Elle m'a fait comprendre que la seule liberté est la liberté intellectuelle. » Pour Aurélie Filippetti, Martine Rebmann n'était pas qu'un professeur, elle était « un modèle de femme, libre, courageuse, originale, qui échappait aux normes des petites villes et construisait son propre destin. Moi, je ne savais pas très bien ce que j'allais faire de ma vie. Je savais juste que je voulais partir... »

Aurélie Filippetti, après l'agrégation, n'a enseigné que trois ans, ballottée de poste en poste, dans les collèges de la très proche banlieue parisienne, Nanterre, Neuilly, etc.

« Je crois que Martine Rebmann m'a inspirée dans sa façon d'enseigner, à commencer par l'idée de travailler sur des textes exigeants. Elle avait une façon remarquable d'enseigner la grammaire, ce qu'elle n'aimait pas faire pourtant. Moi j'aimais ça et, comme elle, je choisissais mes exemples dans les textes de la littérature, et pas des phrases fabriquées pour l'exercice. La grammaire n'est pas un ensemble de règles vaines… » Plus généralement, la ministre a retenu de sa professeur sa manière de s'adresser à sa classe, de ne jamais risquer la moindre phrase blessante, et de toujours « considérer l'élève comme un jeune citoyen en formation ». Aurélie Filippetti dit que c'est cette relation-là qu'elle a aimée dans ses courtes années d'enseignement.

Martine Rebmann elle aussi a quitté Audun-le-Tiche, elle enseigne aujourd'hui en Alsace, du côté de Mulhouse. La prof et l'élève s'écrivent deux fois par an.

Christian Lacroix

On peut avoir été premier de la classe, tout le temps premier, et toujours considéré l'école comme « une obligation, pas un plaisir ». Christian Lacroix n'avait pas le choix : « Deuxième, j'étais puni. À Arles dans les années 1950, dans une famille latine, à partir du moment où satisfaction était donnée avec les études, je savais que je pouvais avoir la paix. » Alors le jeune Lacroix file doux. « Trop sage, trop docile », dit-il. Arrive l'année de ses quinze ans : « Je ne sais pas ce qui s'est passé dans les astres, j'étais amoureux et ça marchait, meneur de la classe, ce qui ne m'était jamais arrivé, en charge du journal que je dessinais tout le week-end et distribuais le lundi. Quand on a des retours de sympathie, d'amitié, qu'on se sent joli, que la mode est belle, qu'il fait beau, qu'un prof est formidable... »

Ce prof était formidable parce qu'il laissait le jeune Lacroix vagabonder... « Il comprenait que j'en avais besoin ! Il disait à mon père, un homme sévère : "Ne vous inquiétez pas, il y a des moments où son regard me quitte, il sort par la fenêtre, mais je sais qu'il va revenir..." » M. Accarie enseignait le français, le latin et le grec, les matières préférées du petit Christian : « J'étais né dans le latin et le grec. Une vieille amie de ma grand-mère m'emmenait déchiffrer les bas-reliefs du théâtre antique. » Non seulement M. Accarie ne décourageait pas les escapades imaginaires de son élève mais, surtout, il s'occupait d'une bibliothèque de classe. Et dans cette bibliothèque, un livre : *Les Styles* de Philippe Jullian (Plon, 1961). « Ce Jullian était un dandy qui ne parlait que de décoration, de théâtre, de sophistication. Or, je ne m'intéressais pas à la mode, mais je collectionnais déjà des images de décoration et de théâtre ! Les dessins de ce bouquin m'impressionnaient, le texte était d'une drôlerie et d'une culture que ni la famille ni l'école ne pouvaient me transmettre. »

Chaque semaine, il faut remettre le livre emprunté, sous peine d'amende : « J'aurais voulu payer l'amende et garder tout le temps ce livre que je n'avais de cesse de redessiner. » L'élève l'emprunte et le réemprunte, jusqu'à la fin de l'année : « Et là, M. Accarie me dit : “Lacroix, ce livre, personne d'autre ne s'y intéressera, il est pour vous.” » Trente ans plus tard, en 1995, avec son ami Patrick Mauriès qui en écrit les textes, Christian Lacroix en dessinera la suite, *Styles d'aujourd'hui* (Gallimard, 1995)...

Le prof n'a pas changé la vie de Christian Lacroix, mais il détenait un livre fondateur et laissait l'esprit de son élève gambader... Car la vie, pour le jeune Arlésien, était ailleurs : « Je ne sais pas par quoi commencer », écrit-il dans *Qui est là ?* (Mercure de France, 2004). Et de fait, on se perd toujours un peu lorsque Christian Lacroix nous entraîne dans le dédale de ses grands-oncles dandys et de ses vieilles tantes fantasques, tout un monde excentrique et tragique qui continue de peupler l'imaginaire du créateur. Côté paternel, pas trop compliqué : une lignée cévenole d'éleveurs de vers à soie, et une grand-tante d'exception descendue en ville, ayant passé dans les années 1920 son bac puis son permis de conduire, avant de créer une société d'irrigation et d'importation de matériel agricole. La réussite.

En face de la société d'irrigation, une ancienne verrerie du XVIIIe et un labyrinthe de maisons ouvrières dans lesquelles vivaient oncles et tantes, frères et sœurs de la branche maternelle. Et parmi eux, Papé Adrien : « Le père de ma mère. Mon maître. Il n'a pas été pour moi un simple grand-père, non, il a été mon précepteur. » L'histoire est stupéfiante. Ce n'est pas une histoire de transmission familiale ordinaire, Christian Lacroix doit tout à cet homme d'un autre temps : « C'était un dandy né dans une famille pauvre. Il travaillait dans les ateliers ferroviaires du PLM, le Paris-Lyon-Méditerranée, qui employaient les trois quarts de la ville. Quand retentissait la sirène du PLM, des centaines de vélos envahissaient Arles. Mon grand-père était chargé de vérifier le matériel pour tout le sud-est de la France, et de décider quand une locomotive à vapeur devait être réparée ou partir à la casse... »

Cela, bien sûr, c'était l'épopée familiale, car lorsque Christian Lacroix était enfant, Papé Adrien avait pris sa retraite : « Je trouvais son nom sublime, il imposait le respect. J'adorais me réfugier dans ses bras, parce qu'il portait des blousons de daim, de suédine, et qu'il sentait bon.

Il avait une musculature de statue grecque. On racontait qu'à l'âge de dix ans il traversait le Rhône aller et retour. Après la guerre de 1914-1918, il avait fait trois ans sur les bateaux militaires dans les Dardanelles, donc en tout sept ans d'armée. En permission, il louait une voiture à cheval pour parader dans la ville. Ensuite – c'est ma mère qui le racontait – il a peint son vélo en or… »

La légende ne s'arrête pas là : « Un aristo parisien avait à Arles une maison et un atelier de sculpture. Mon Papé connaissait ce gourgandin, et leur truc, avant la guerre de 1914, c'était de surveiller, entre l'hôtel de ville et la place du Forum, le passage où, les jours de mistral, les jupes des filles se soulevaient. Ils étaient à l'affût d'une cheville. » Bien sûr, Adrien avait une maîtresse, une sorte de seconde femme qu'il a gardée toute sa vie : « Je sais qu'à ma naissance, c'est avec elle qu'il a bamboché. Cette dame était modiste, je ne l'ai pas connue mais je la vois souvent : elle a servi de modèle au monument aux morts de la ville. Si vous passez sur le boulevard des Lices, vous apercevez une dame en bronze avec une palme de deuil sur la tête, un modèle de vertu… »

Voilà pour la légende. Place aux souvenirs : « Papé Adrien arrivait chez nous le matin, tiré à quatre épingles. Fou de fringues, il se ruinait pour avoir *le* costume – un prince-de-galles, doublé de soie. Un jour, il est revenu tout content de chez son tailleur, il venait de se faire faire le costume pour la caisse. » La caisse ? « À Arles, c'est le cercueil. Et ce costume, c'était une redingote avec pantalon rayé. Il ne l'a jamais porté, bien sûr, et on le lui a mis dans le cercueil. »

Le goût de l'apparence, Papé l'a inculqué très tôt à son petit-fils : « Il n'a pas cherché à me costumer. D'ailleurs, il n'avait pas grand-chose à faire sur les vêtements, parce que ma mère, qui était bien la fille de son père, tenait à ce que je sois le plus élégant de tous. À cinq ans, j'avais déjà ma propre idée de tout ça. Dans les magasins, je savais ce que je voulais. C'est plutôt dans l'expression, le maintien, que Papé Adrien me faisait la leçon : il fallait se tenir droit et "sourire des yeux", son expression favorite. »

Non seulement Adrien attachait de l'importance à l'apparence, mais il avait pris en main toute l'éducation de son petit-fils. Dès la maternelle, complice de son institutrice qui avait décelé une intelligence précoce – Mlle Bec, quatre-vingt-treize ans aujourd'hui, Christian Lacroix lui a rendu visite à Noël –, il relayait l'apprentissage de la lecture à la maison, année après année : « Il lisait lui-même énormément. L'archevêché abritait la bibliothèque municipale. Il me choisissait des livres, en priorité les *Fables* de La Fontaine, l'œuvre qui m'a marqué, mais faisait aussi sortir pour moi de grands albums de gravures du XVIIIe siècle. Je voyageais dans le passé. »

L'homme n'était pas seulement un grand lecteur, il chantait : « Il avait une voix de ténor d'opérette, c'était un baryton Martin. Je me souviens l'avoir entendu chanter avec sa mère l'*Ave Maria* de Gounod, ils pleuraient tous les deux. Il faut dire qu'elle avait vu mourir quatre de ses enfants, c'était une famille de... » Christian Lacroix n'achève pas sa phrase, évoque l'une des filles qui s'est jetée dans le Rhône, d'autres destins tragiques encore... et revient au chant :

« C'était terrible, parce que j'avais honte de ne pas être à la hauteur. » En revanche, Christian Lacroix organisait des spectacles familiaux, poussé là aussi par son grand-père, un sacré *showman* : « Il montait au grenier, prenait les oripeaux qu'il pouvait trouver, et nous jouait des saynètes d'actualité, la rupture du barrage de Fréjus ou le mariage de Grace Kelly avec le prince de Monaco. Pour cela, il enfilait les robes de ma grand-mère. Déguisé en femme, mais pas burlesque. Il avait des monologues formidables, je pense qu'il les écrivait, un peu comme les chansonniers. »

Dans le grenier, Papé Adrien avait un espace à lui, où il avait affiché des photos de locomotives, celles dont il s'était occupé, photos qu'il avait prises lui-même ou découpées dans *La Vie du rail.* « Il avait aussi punaisé ses nombreuses caricatures dessinées car, champion de pétanque à la longue, il apparaissait souvent dans la presse locale. » Autre lieu mystérieux, le quartier des Gitans faisait fantasmer la famille : « Ma mère me menaçait : si je n'étais pas sage, les Gitans m'emporteraient. Mais c'était presque un rêve érotique que les Gitans m'emportent, j'imaginais des bamboches dans les roulottes. Papé, lui, m'emmenait dans leur quartier, me mettait parmi les gamins et leur disait : "Cassez-lui la gueule !", tout en me chuchotant : "Défends-toi !" J'aimais ça. J'inventais des prises, c'était l'énergie et la colère. Et quand la colère monte, je pourrais tuer... » Trois ou quatre fois par an, Papé Adrien accompagnait Christian et son père aux arènes : « On regardait les taureaux morts qu'on sortait par le souterrain, à gauche du grand escalier, là où on hissait la bête. On l'éventrait, on l'éviscérait, et deux types lui montaient sur le ventre pour que le sang s'écoule dans les égouts. Moi qui ne supportais pas de voir un chien ou un chat écrasé, je regardais les yeux grands ouverts. »

Comment les profs auraient-ils pu faire le poids ? « Impossible. L'école interrompait mon monde. La vie pour moi était ailleurs, et commençait vraiment avec une salle obscure, des fauteuils rouges, un rideau qui se lève. Que ce soit un film de Louis de Funès, un opéra, un spectacle pour enfants, un ballet... » Christian Lacroix ne se contentait pas de regarder, il dessinait : « Après le théâtre ou le cinéma du dimanche, si ça m'avait plu, je reproduisais ce que j'avais vu, sinon, je refaisais le truc à ma manière. » C'était bien le seul domaine où l'enfant en remontrait à son grand-père, qui ne cessait de l'encourager : « Il gardait mes dessins, les collectionnait, les classait dans de vieux cahiers. »

Un jour, un drame – un de plus – s'est abattu sur la famille. Christian Lacroix ne se souvient pas de la date, c'était pendant la guerre d'Algérie, et il garde en mémoire un événement précis : « J'ai vu ma grand-mère pleurer, on m'a mis dans le salon, j'ai compris qu'il était arrivé quelque chose à mon grand-père. En fait, c'était le début d'une maladie de la persécution qui n'a fait qu'empirer, il avait l'impression d'être suivi, il rasait les murs. Les collabos, l'OAS, tout se mélangeait. Le général Salan était dans la ville et le poursuivait... »

La relation entre le grand-père et l'enfant, le maître et l'élève, prit un tour nouveau. Cette paranoïa – on disait alors « maladie de la persécution » – devenait difficile à vivre. La famille Lacroix avait l'adresse d'une maison de repos à

Villeneuve-lès-Avignon, la clinique du docteur Masquin, un hôtel particulier, une folie au bord du Rhône. « On l'y a installé. La première fois que j'y suis allé avec ma mère, j'avais onze ans, il nous a dit : "Une femme a été la lumière de ma vie, elle sera là à ma mort." Il parlait de la maîtresse du monument aux morts. Ma mère a un peu accusé le coup. J'ai été ému par cet amour, que j'ai lié à la folie. J'étais très romantique... » Papé Adrien est resté là, dans cette maison de repos qui avait ses propres cartes postales, comme un hôtel, car elle recelait des meubles et des tapisseries des XVIIe et XVIIIe siècles : « Chaque semaine il m'écrivait : "Je t'envoie cette tapisserie pour que tu la recopies", "je t'envoie ce meuble pour que tu t'inspires de ses ferrures"... »

Cette histoire de dessins ne pouvait s'achever que dans le lieu où séjourna un grand peintre – l'hôtel-Dieu, devenu aujourd'hui l'Espace Van Gogh : « Papé Adrien y a passé la fin de sa vie. À ce monsieur plein de superbe qui venait me voir chaque matin lorsque j'étais enfant, j'ai à mon tour rendu visite chaque matin quand il est redevenu enfant. J'étais à la fac, je venais le raser, il faisait toutes les mimiques qu'on doit faire pour que les poils se présentent bien. Il ne reconnaissait plus sa femme, ni ma mère, il voulait tuer ma jeune sœur. J'étais le dernier qu'il reconnaissait. Il avait une grande main sublime avec un début de tatouage qu'il s'était fait faire sur un bateau aux Dardanelles. Je m'en souviens parce qu'il serrait la mienne pour que je ne parte pas, il avait des yeux éperdus. »

On était en 1970, Christian Lacroix avait dix-neuf ans : « Chaque samedi, on sortait dans un club de la région, comme un rite religieux, presque. J'avais une sorte de *dress code* : rouge des pieds à la tête. Un soir, avant de partir, un copain me dit : "Tu devrais retourner chez toi, je crois que ta mère a besoin de toi." Il venait de mourir. Les femmes du voisinage étaient déjà en train de recouvrir les miroirs de draps blancs, pour ne pas refléter la mort. Les pleureuses s'activaient. C'était mon premier mort. »

L'histoire s'achève dans un train. Durant toute son enfance, Christian Lacroix avait beaucoup voyagé avec son grand-père, qui bénéficiait de la gratuité : « On allait à Marseille, c'était encore un peu les colonies, la porte de l'Orient, j'ai des souvenirs d'épices, de savates, de gandouras… » L'imaginaire du garçon était aussi porté par ce fameux grenier avec les photos de locomotives : « Je savais ce qu'avait été son boulot, et au-delà de lui, la ville continuait à vivre avec le va-et-vient des ouvriers, le sifflet des locomotives à vapeur que le mistral portait. »

De la vapeur au TGV, Christian Lacroix a assumé l'héritage… « Avant que je ne travaille sur le décor intérieur des TGV, on m'a proposé, en 1999, de décorer une seule rame pour annoncer la grande vitesse sur le TGV Méditerranée. J'ai accepté pour lui. » Christian Lacroix a donc décoré sa rame : avec des couleurs, du froid au chaud, puisque ce train allait du nord au sud, et des citations de Fernando Pessoa : « Surtout, je me suis dit que le train est toujours un spectacle, que l'on soit à l'intérieur puisque le décor défile, ou sur le quai : les gens que l'on aperçoit aux fenêtres sont pour moi des acteurs de cinéma. J'ai donc dessiné cette rame comme un ruban d'acteurs : aux fenêtres, les vrais voyageurs, et entre les fenêtres, d'autres gens dessinés, et parmi eux, Papé Adrien en majesté… »

Le jour de l'inauguration, un terrible orage s'abattit sur la gare de Lyon. Buffets provençaux avec bouquets de fleurs, étendards, banderoles, tout fut balayé par les rafales : « Le patron de la SNCF, Guillaume Pepy, n'était pas content. On s'est dit qu'on allait quand même faire l'arrivée du train en gare de Lyon, j'avais prévu des musiques d'opéra. *Le Trouvère* a retenti, on a vu arriver ce train dans la tourmente et, croyez-moi, c'est un vrai miracle, le soleil, pendant dix secondes, s'est levé sur la photo de mon grand-père. »

Le train, mais aussi les costumes, le dessin, le spectacle, le panache… Christian Lacroix rendait hommage à celui qui lui avait tout appris. La photo de l'homme du PLM n'a jamais quitté la chambre du grand couturier : « J'y pense à l'aube, lors du premier geste de chaque matinée, et du dernier de chaque soirée : je bois un grand verre d'eau à sa mémoire, à lui, et à celle de tous les autres, là-bas, à Arles. » Christian Lacroix dit cela dans un sourire des yeux, évidemment.

Sophia Aram

Ils ont été des dizaines de milliers en 2008-2009, les profs, à se trouver embarqués dans l'improbable « cellule psychologique » créée par une jeune humoriste pour son premier spectacle, « Du plomb dans la tête ». Il s'agissait de surmonter le suicide en pleine classe de Nicole Gibon, dite Nini, maîtresse en moyenne section de maternelle à l'école du Petit-Prince. Tour à tour directrice d'école psychorigide, psychologue québécoise hystérique, débutante nunuche, mère d'élève érotomane… Sophia Aram endossait, quatre cents représentations durant, neuf rôles différents, et brossait devant un public d'enseignants et de parents d'élèves le tableau grinçant, voire féroce, d'une institution en crise.

« J'ai aimé l'école, j'y allais avec plaisir, j'ai eu des enseignants formidables, j'étais dans les rails… » Rien d'autobiographique, donc, dans ce spectacle qui a révélé Sophia Aram à un large public, puisque aucun drame n'a terni son enfance scolaire. Au milieu des années 1980, Trappes, enclave historiquement ouvrière et cheminote du Sud-Ouest parisien au milieu des communes bourgeoises des

Yvelines, est un endroit plutôt paisible. La petite Sophia y grandit en HLM dans une famille d'origine marocaine : « Quand mon père est arrivé en France, il était analphabète. Il a appris à lire et à écrire sur le tas, s'est formé tout seul. Et il nous laissait libres, avec une devise : ce que vous faites, vous le faites pour vous. Donc, aucune pression à l'école, il fallait juste ne pas faire de vagues. Pour autant, voir son père partir tôt le matin, travailler dur, rentrer tard le soir pour qu'on ait de quoi vivre, ça ne donne pas envie de déconner. La valeur travail était importante. »

Sophia Aram est la quatrième enfant d'une famille de six : « J'avais deux modèles. Ma sœur aînée, brillante – il fallait qu'on réussisse, qu'on soit cultivées, qu'on apprenne les bons mots. Elle m'a initiée au cinéma, nous emmenait voir des films d'auteur. Elle avait l'autorité de l'aînée. La deuxième, plus artiste, passait son temps à dessiner. Mes parents ne cessaient d'être convoqués à l'école parce qu'elle ne travaillait pas, ils étaient inquiets, mais sans excès. Quand elle s'est retrouvée dans un lycée professionnel, dans le domaine qu'elle aimait, la mode, elle s'est mise au travail. On était une famille où chacun s'épanouissait assez librement. »

Une maternelle puis une école primaire sans histoire. Et un premier cycle au collège Youri-Gagarine, avenue du Pasteur-Martin-Luther-King – des générations d'élus communistes avaient depuis 1929 copieusement garni Trappes de héros progressistes. La vocation de la jeune fille se dessine : « Je veux être journaliste. » Elle est une élève appliquée, assise au premier rang, grosses lunettes de myope. « Je fais ce qu'on me demande de faire, je suis première, en maths c'est un peu plus dur, mais on dit de moi que je suis littéraire, donc ce n'est pas trop grave. » Sophia Aram se souvient de Jacqueline Fournier, professeur de français en quatrième, à Gagarine, qui avait perçu la fibre journalistique de son élève : « J'avais raconté dans une rédaction l'histoire de cet écoulement de boue en Colombie, et de cette fillette qu'on avait vu mourir à la télévision. Cela m'avait bouleversée, empêchée de dormir, et je me demandais s'ils avaient bien fait de nous montrer ces images, je posais des questions. Et Mme Fournier nous avait fait débattre de ce qu'il fallait montrer, pas montrer, du rôle du journaliste ! »

En septembre 1989, Sophia Aram quitte le collège Gagarine et intègre le lycée de la Plaine-de-Neauphle, également situé dans Trappes, mais qui accueille les enfants des communes bourgeoises voisines, Élancourt ou Maurepas. Mixité sociale. Changement radical. Les jeunes de Trappes y sont minoritaires, le niveau scolaire est plus élevé, Sophia Aram s'accroche, travaille davantage : « Cela a été un tournant dans ma vie, je me suis retrouvée avec des personnes issues de milieux très différents du mien. Il n'était pas prévu qu'on se mélange. Mais ça a pris. J'étais invitée dans des pavillons qui me paraissaient somptueux, peut-être des pavillons Phénix, mais pour moi qui vivais en HLM, le luxe suprême. Pour mon anniversaire, je faisais une fête dans mon appartement HLM, ils venaient tous et ça se passait bien. On ne se jugeait pas, on avait vraiment réussi à vivre ensemble grâce à l'environnement créé par nos enseignants. »

Car la Plaine-de-Neauphle n'est pas un lycée comme les autres. Avant même la rentrée, une journée est organisée à Fontainebleau : « On va faire de l'escalade tous ensemble. On compose des groupes, les classes sont mêlées, ce n'est plus l'école traditionnelle. » Au programme d'EPS, éducation physique et sportive, la jeune Sophia découvre l'option « danse folk » : « On a quinze ans, un peu complexés, pas bien dans notre corps, et voilà qu'un prof avec un magnétophone nous apprend à danser la polka, la valse, la gigouillette, la bourrée. Juste avant les fêtes, un bal folklorique est organisé, les places se vendent comme des petits pains, on danse avec nos profs, les barrières tombent. Les enseignants étaient friands de ce genre d'événements. Ils multipliaient les sorties, la classe verte devenait une classe de survie avec camping sauvage dans le Vercors... »

Sophia Aram se souvient aussi d'un foyer lycéen particulièrement plaisant, avec baby-foot et table de ping-pong, « un lieu de vie super », à tel point que les profs quittaient souvent leur salle commune pour partager le café avec les élèves. Politisés, engagés, syndiqués, ces enseignants incitaient les lycéens à réfléchir. Au mois de mai 1990, le cimetière juif de Carpentras est profané : « Le lycée est sous le choc. Nos profs nous montrent *Nuit et Brouillard*, suivi d'un débat, plein à craquer. Ils réagissaient souvent à l'actualité, on les sentait soudés, prenant leurs décisions collectivement. Chacun participait à la vie de cet établissement. Je n'étais pas plus engagée que les autres. »

Dans ce lycée d'exception, « où l'on travaillait dans un environnement apaisé », la scolarité de Sophia Aram suit son cours, sans anicroche, et la lycéenne studieuse peut même envisager la voie royale – Sciences-po – qui la conduirait vers sa vocation, le journalisme. C'est compter sans Jean Jourdan, professeur d'EPS : « Il a fait bifurquer ma vie. »

Jean Jourdan, un des piliers de l'équipe pédagogique, organise des tournois interclasses de volley qui remportent un grand succès. Les profs d'histoire, de français, de maths s'inscrivent et participent aux matchs avec leurs classes. À la rentrée 1990, Jean Jourdan est le prof d'EPS de Sophia Aram : « Plutôt bel homme, les filles l'aiment bien, trente-cinq ans, une queue-de-cheval, le look du prof de sport, très *casual*, toujours en jogging. » Sophia Aram fait un stage de ski en pleine guerre du Golfe, au moment où l'aviation américaine pilonne l'armée irakienne au Koweït : « On regardait ces images vertes le soir dans le chalet. Jean Jourdan était communiste à l'époque, certains élèves étaient de droite, ça débattait partout. Il n'admettait pas qu'on soit passifs devant nos télés, il fallait qu'on réagisse, qu'on ait une opinion. Et il nous bousculait. Sur la question de la religion, par exemple : "La religion de tes parents, est-ce la tienne ? – Oui, parce que c'est celle de mes parents. – Elle est la tienne parce que c'est celle de tes parents ou parce que tu l'as choisie ?" Il ne nous provoquait pas, respectait nos opinions, mais nous poussait à la réflexion. On ne s'attend pas à cela de la part d'un prof d'EPS… »

Le stage de ski prend fin, Sophia Aram se blesse au talon. Elle ne peut plus jouer au volley, son sport préféré : « Tu ne vas pas rester chez toi à ne rien faire le mercredi après-midi, me dit Jean. Avant le volley, il y a un atelier d'improvisation théâtrale, tu n'as qu'à venir. » Ce que la jeune Sophia ne sait pas encore, c'est que Jean Jourdan est un de ceux qui ont « importé » dix ans plus tôt, en liaison avec le Théâtre de l'Unité de Jacques Livchine, l'improvisation théâtrale : « On parle souvent de Trappes comme d'une ville dans laquelle ont émergé des gens de talent, Jamel Debbouze, Omar Sy, etc. Mais il faut savoir que tout le monde faisait de l'impro à Trappes ! Cette ville communiste avait trouvé cette discipline suffisamment forte et fédératrice pour la développer dans tous les établissements scolaires. » Alain Degois, dit « Papy », connu pour avoir entraîné Jamel, raconte dans son autobiographie parue en 2013 (*Made in Trappes*, Kero) comment, lui aussi ancien élève de Jean Jourdan, il se vit confier le rôle de coordonnateur de ce grand projet.

Jean Jourdan s'était particulièrement intéressé au travail mené au Québec par deux comédiens, Robert Gravel et Yvon Leduc, créateurs en 1977 de la Ligue nationale d'improvisation. Partant du constat que les salles de hockey sur glace drainaient énormément de monde et que les salles de spectacle étaient vides, Gravel et Leduc avaient inventé le « match d'improvisation ». Soit une « patinoire » imaginaire de taille réduite, deux équipes de six joueurs, trois filles et trois garçons en maillots de hockey, un coach par équipe, un arbitre, deux juges de ligne et un maître de cérémonie. L'arbitre impose un thème (à partir duquel les joueurs vont déployer leur imagination), une catégorie (libre, à la manière de Shakespeare, façon dessin animé, chanté...) et la durée de l'impro, de 45 secondes à 6 minutes. Les joueurs ont 20 secondes de réflexion, et démarrent. À l'issue de chaque séquence, le public vote avec un carton bicolore. Les juges de ligne comptent les points.

« Allier sport et culture a passionné mon prof d'EPS ! Jean Jourdan était et est toujours quelqu'un de très érudit, il va au théâtre, à l'opéra, aime la danse classique, se rend au Festival d'Avignon chaque année. Cette technique de l'impro était pour lui une façon de nous mettre au théâtre tout en gardant l'idée sportive du challenge, de la compétition. » Sophia Aram fait son premier entraînement un mercredi du mois de mars 1991 : « Le samedi suivant, Jean me dit qu'il manque une fille pour une compétition à Chartres. Il nous y conduit en voiture, le coach de mon équipe est Benoît Cambillard, un pion du lycée, mon futur compagnon, l'homme avec qui je vis depuis vingt ans et qui coécrit mes spectacles. Le match se passe plutôt bien pour moi. Deux entraînements plus tard, j'apprends que la Ligue de Trappes va jouer au prochain Festival d'Avignon, en août, et qu'il manque encore une fille. » Et voilà comment, grâce à son prof d'EPS, une jeune fille de dix-sept ans venue d'une cité participe au Festival de la cité des papes : « Je n'avais que deux mois d'improvisation dans les pattes, je me retrouvais dans un milieu qui n'était pas le mien, j'étais la seule mineure, Jean était mon chaperon. Les autres membres de l'équipe étaient des anciens du lycée, Alain Degois était aussi de la partie. » Sophia Aram découvre le théâtre par la grande porte : « Je suis allée voir *La Tempête*, mise en scène par Peter Brook ! Et les comédiens de la troupe sont venus assister à notre match d'impro ! »

« L'impro » va très vite envahir la vie de la jeune fille : « Après Avignon, je me retrouve dans l'équipe junior de Trappes, je joue avec Jamel, je fais plusieurs championnats en parallèle. On manque toujours de filles, donc on m'appelle beaucoup... » Sophia Aram décroche son bac, et se voit proposer un championnat estival d'improvisation au Québec ! « J'ai dix-huit ans, je n'ai jamais voyagé à l'étranger, mes parents ne peuvent pas me payer un voyage, mais je suis invitée au Québec ! Logée chez l'habitant, toujours la plus jeune, entourée d'artistes installés, c'était pour moi inimaginable... » Cette fois, Jean Jourdan ne vient pas : « Quand je suis partie au Québec, je lui ai écrit une longue lettre pour lui dire qu'il avait changé ma vie. Car jusqu'alors je n'allais pas du tout dans cette direction. Les acteurs racontent souvent qu'enfants ils faisaient du théâtre dans leur chambre, montaient sur les tables, etc. Moi je n'étais pas comme ça. » Le bac passé, la jeune Sophia voit s'estomper sa vocation théâtrale, elle s'inscrit à la fac aux Langues orientales, finance ses études en étant pionne au collège Gagarine, et continue ses tournois, voyageant de plus en plus, en Belgique, en Suisse...

Sophia et Jean, l'élève et le prof, sont devenus amis : « On prend des pots ensemble, on va au théâtre, au restaurant. Jean, proche de la retraite, enseigne les STAPS (sciences et techniques des activités physiques et sportives) à la fac d'Orsay, il forme de futurs professeurs et des éducateurs spécialisés. Il m'a dit qu'il avait contacté ma prof de maths, et qu'ils réfléchissaient à comment raconter ce qu'ils ont vécu à la Plaine-de-Neauphle... »

Les choses ont malheureusement changé depuis leur départ, estime Sophia Aram : « Le lycée s'est ghettoïsé, car les parents d'élèves des communes environnantes ont obtenu qu'on construise un autre établissement à Élancourt. La mixité sociale a disparu. Et la pauvreté gangrène la cité. On ne roulait pas sur l'or mais nos parents travaillaient, personne n'était au chômage autour de nous. Comment motiver les gamins à apprendre quand ils ne voient pas ce que ça va leur apporter ? Le travail n'est plus une valeur... » Sophia Aram évoque souvent l'évolution du lycée avec Jean Jourdan : « Nous sommes tous deux en contact avec des profs qui sont restés après son départ, et qui ont vu la situation se dégrader, avec l'arrivée de populations plus déshéritées, la disparition du brassage social, la montée de l'islamisme. » Ce recul de la laïcité républicaine, qu'elle dénonce dans son spectacle « Crise de foi », est aussi évoqué dans *Made in Trappes* d'Alain Degois...

« Du plomb dans la tête » n'est donc pas né de l'expérience de Sophia Aram comme élève, mais comme mère d'élève : « Quand j'ai inscrit mon fils en maternelle, j'ai compris que les parents avaient changé. Les miens avaient une confiance totale dans l'institution, l'école c'était l'école, et le prof avait raison. Tout est différent aujourd'hui pour les profs. On les charge, on les accable. Je sais les difficultés de leur travail puisque j'ai grandi à Trappes à côté de l'Institut Marcel-Rivière, un centre MGEN où on envoie les enseignants en dépression. C'était déjà dur à l'époque, j'ai entendu des élèves, au collège Gagarine, dire à ma prof de musique qui voulait nous faire apprendre *Flashdance* à la flûte à bec : "Je vais t'envoyer à Marcel-Rivière"... »

Sophia Aram et Jean Jourdan n'ont travaillé l'improvisation théâtrale ensemble que pendant deux ans : « Après le bac, j'ai fait partie d'une autre compagnie, le Théâtre Classique. Je me suis retrouvée à animer des ateliers d'impro, parfois pour des jeunes en réinsertion, sortis de prison ou en difficulté. Mais Jean a toujours suivi de très près ce que je faisais. Il est venu aux premières de chacun de mes spectacles, a suivi leur évolution. » Sophia Aram n'estime pas être *sa* réussite : « Jean a bien d'autres témoignages d'élèves pour qui il a été important. C'est pour cela qu'il a envie de témoigner. » Témoigner d'une époque révolue, dont il faudrait laisser une trace, en espérant que des temps meilleurs ressurgiront : « L'engagement de nos professeurs, leur implication étaient exceptionnels, et ceux de Jean en premier lieu, car il fallait avoir envie le vendredi soir d'embarquer ses élèves pour une expédition en voiture ! Jean empruntait la Renault Espace de ma professeur de philo parce que lui-même n'avait qu'une petite voiture. »

Mais, ajoute Sophia Aram, « cet engagement était possible parce que l'époque n'était pas verrouillée comme aujourd'hui. Nous vivions l'aventure. Aujourd'hui, ça paraît dingue une telle liberté ! »

Philippe Claudel

À Dombasle, patrie lorraine du bicarbonate de sodium, jour et nuit, week-ends et jours fériés compris, sauf la nuit de Noël, le petit Claudel voit passer les wagonnets aériens venus de Maxéville, banlieue de Nancy, 15 kilomètres plus au nord. Ils glissent sur leur filin et versent à l'entrée de la cité ouvrière leur cargaison de calcaire. Dans les années 1970, le « TP Max », mythique transporteur de l'usine Solvay, est une des fiertés de la Lorraine minière.

Solvay emploie presque tous les hommes de la ville : « Mais pas mon père, souligne Philippe Claudel. Bûcheron avant la guerre, fils de paysans vosgiens, il était entré dans la Résistance et, comme pas mal de résistants, avait intégré la police en 1945. » La mère du petit garçon, elle, est depuis l'âge de seize ans ouvrière textile chez Boussac, le plus grand des trois ateliers de confection de la ville. Elle est née là, à Dombasle, parce que son propre père, un gars de Ménilmontant, en avait eu marre de Paris et avait poussé jusqu'en Lorraine. Pourtant, la légende familiale dit que le titi parisien, dans l'entre-deux-guerres, fréquentait l'Opéra et le Châtelet, qu'il aimait au point de se faire embaucher dans les chœurs : « Il avait transmis à ses trois filles ce goût de l'art lyrique et, toute notre enfance, ma mère chantait des airs d'opéra. Elle aimait aussi la poésie, la peinture », se souvient Philippe Claudel.

En cette belle fin d'été 2013, le regard de l'écrivain, depuis le premier étage du Café Foy, se perd dans la blancheur de la place Stanislas, à Nancy. Sa mère est morte deux mois plus tôt. À Dombasle, l'usine Solvay est toujours là, mais les wagonnets du TP Max sont des pièces de musée et les ateliers de confection ont fermé depuis longtemps. Philippe Claudel n'a pas quitté la petite ville où il est né. « Mes parents ne lisaient pas, mais quand je voulais un livre ils me l'achetaient. Et ils me le lisaient. Mon père était un passionné d'histoire. Traumatisé par les deux guerres, il connaissait à fond le XXe siècle. » Rester là, à Dombasle, jusqu'à aujourd'hui, c'est d'abord pour l'écrivain-cinéaste mondialement reconnu rendre hommage à la culture ouvrière de son enfance : « Les premiers maîtres qui m'ont marqué, ce sont mes parents. Si je suis devenu ce que je suis, c'est parce qu'ils étaient comme ça. »

Pas facile, pourtant, de grandir dans une cité ouvrière. Après une sixième et une cinquième au collège de Dombasle, Mme Claudel envoie son fils au lycée Bichat de Lunéville. Désemparé, le gamin qui n'a jamais quitté sa ville natale se retrouve loin du cocon familial – une mère aimante, deux sœurs – « dans un internat boulonné, avec un surveillant général violent, ancien militaire, alcoolique ». Heureusement, Mme Croisier, prof de français et latin, est « douce, souriante, bonne, belle personne ». Pour la première fois de sa vie, Philippe Claudel travaille pour impressionner quelqu'un, se décarcasse pour faire les meilleures dissertations. Et il est payé de retour : « Je me souviendrai toujours de cette appréciation sur mon bulletin, qui m'a fait davantage plaisir que par la suite un prix littéraire ou un César : *Philippe est la perle de la classe.* » Timide, mal dans sa peau, malheureux dans cet internat, le jeune Claudel se trouve légitimé dans ses tentatives littéraires : « Mme Croisier me faisait rêver parce que son mari était dans la marine marchande, ce qui était, en Lorraine, terriblement exotique. J'aimais beaucoup mon pays, cette Lorraine, mais je me sentais enfermé, et quand Mme Croisier nous parlait de son mari marin, je voyais des cartes marines, des cartes du ciel. Un monde que je ne connaissais pas se déployait... »

Nulle trace de vocation littéraire cependant, à cette époque : « Depuis l'enfance, je voulais être médecin. Probablement pour voir des femmes nues. C'était difficile à notre époque d'en voir. On n'avait guère que les déshabillés de Michèle Mercier dans les *Angélique.* Ou Martine Carol. » Bon, plus sérieusement, pour un garçon élevé dans la filière catholique classique – catéchisme, patronage... –, la médecine, « c'était se rendre utile, sauver des vies ».

Philippe Claudel est donc en terminale D quand apparaît une matière nouvelle, la philosophie : « Et nous nous retrouvons, lycéens boutonneux, pleins d'hormones et de rêves, face à une très jeune professeur, Francine Jelen, qui devait avoir vingt-cinq ans... » Une prof aux yeux mauves ! « Enfin, je les voyais mauves, ses yeux, à l'époque. Elle avait un regard singulier, habité, intense. C'était une jeune fille possédée par sa matière comme on peut l'être quand on débute sa carrière. » C'est ainsi que le jeune Philippe et deux copains d'internat deviennent fous de philo : « On partageait la même chambre. On était dans une section scientifique mais on parlait des nuits entières de saint Augustin, de Kant, de Hegel, on se tirait la bourre sur les dissertations, il fallait la bluffer ! »

Philippe Claudel confie avoir retrouvé Francine Jelen plus tard sous un autre nom et un autre prénom : « Elle est devenue Hélène Nancy, femme du philosophe Jean-Luc Nancy, elle enseigne à Strasbourg. Elle m'a envoyé un mot à la parution de mon premier livre, et m'a fait un signe sur le tournage de *Tous les soleils*. Elle avait le sentiment d'avoir été une jeune professeur qui pataugeait, et ne comprenait pas très bien l'enthousiasme qu'elle avait pu susciter... »

Grâce à sa prof aux yeux mauves, le jeune Philippe Claudel obtient d'excellentes notes en philo au baccalauréat : « La philo m'a fait vraiment réfléchir sur le langage, pourquoi il arrive ou n'arrive pas à transcrire un état, une pensée. » Mais la philo – ou sont-ce les yeux mauves ? – aura un autre effet : « J'étais tellement happé par la matière que j'ai eu peur de devenir fou. Je sentais que poursuivre dans cette voie me conduirait dans un endroit d'où l'on ne revient pas. J'entrevoyais des mondes, je prenais pied dans un univers fait de portes multiples, qui ouvraient sur d'autres portes... » Francine Jelen n'aurait donc en rien changé la vie de Philippe Claudel ? « Elle l'a changée dans la mesure où je ne suis pas allé là où j'aurais pu aller... »

Sauf qu'il n'abandonnera jamais complètement la philo : « Je l'aborde en contrebandier. Elle nourrit ma réflexion d'homme, mon écriture, mon travail de cinéaste. » Elle nourrit aussi le prof que Philippe Claudel est devenu, et peut-être même tous les rôles de profs qui parsèment son œuvre, doubles plus ou moins assumés : « *Il y a longtemps que je t'aime* a quelque chose d'autobiographique, même si la ressemblance physique avec Laurent Grévill est involontaire puisque j'avais choisi un autre comédien qui m'a planté. Mais l'univers de la prison, je l'ai connu, j'y ai donné des cours. Stefano [Accorsi], dans *Tous les soleils,* est aussi professeur – il est proche de moi dans son rapport aux étudiants, on sent qu'il les aime bien. J'ai de bons rapports avec les étudiants, c'est pour cela que je continue d'enseigner. »

Il y a de nombreuses figures d'enseignants dans les livres de Philippe Claudel : « C'est parce que je décris presque toujours de petites communautés de province, reculées, identifiables par les figures de l'instit, du maire, ou du curé... Dans mon dernier roman, *L'Enquête* (Stock, 2010), les personnages ne sont définis que par leur fonction – l'Enquêteur, le Guide, l'Hôtelier, le Vigile – et n'ont plus de nom. Je quitte le roman pour aller vers une démarche fabuleuse, mythologique, avec de grandes figures d'autorité, dans une société humaine réduite au minimum. Quelqu'un détient le pouvoir politique, quelqu'un détient le savoir. Pas étonnant que des figures de maîtres reviennent toujours ! »

Pourtant, Philippe Claudel dit, lui, ne pas se sentir comme une figure de maître : « Plutôt comme un marginal socialisé grâce au travail artistique. Si je n'avais pas eu le secours de l'écriture et du cinéma, je pense que j'aurais chuté, je serais devenu alcoolique, bandit. Je n'aurais pas trouvé ma place dans la société, il n'y en avait pas pour moi. »

Pour Philippe Claudel, avant de parler de transmission du savoir, la société ferait mieux de s'intéresser à la considération : « Considérer l'autre, cela signifie être à son écoute, attentif, ne pas le sous-estimer. On ne peut pas être enseignant sans s'ouvrir à l'autre. Cela me désole de voir une société qui se ferme. Ces politiques qui disent vouloir réinventer le vivre ensemble vivent tous dans les mêmes quartiers parisiens et ne vont jamais saisir la réalité provinciale. » Pas besoin de creuser beaucoup pour déceler chez Philippe Claudel une fragilité existentielle, qui est d'abord celle d'une condition sociale : « Je n'ai pas honte d'écrire des livres ou de réaliser des films qu'on qualifie d'humanistes. C'est mon obsession : comment rester dans la communauté des hommes, et faire qu'elle soit plus solide ? Comme professeur, ma responsabilité est encore plus grande. On doit faire très attention, car on ne connaît pas les effets de sa parole, les adolescents sont une matière inflammable, ma hantise a toujours été de ne pas repérer un gamin sur le point de chuter. »

Qui a empêché le petit Philippe de chuter ? Vers la fin des années 1960, un matin de septembre, le tout jeune garçon s'est retrouvé à l'école primaire de Dombasle. Ne cherchez pas le nom de cette école, elle n'en avait pas, même si aujourd'hui « on l'appelle l'école Marcel-Leroy » ; on disait alors parfois « l'école du centre », c'était l'école des garçons.

Et voilà comment M. François est entré dans la vie de Philippe Claudel. Et par la même occasion le shah d'Iran : « Eh oui, M. François, mon maître de CE1 et CE2, ressemblait au shah d'Iran. Il y avait pour moi une similitude de visage et de coiffure, ce qui avait pour effet de rendre noble l'instituteur et de rendre humain le tyran. » M. François, « homme d'une extrême sévérité », d'autant plus redouté qu'il était aussi directeur de l'école, régnait sur sa classe. Un long règne qui s'achevait avec cette année-là, « il avait dû commencer sous la IIIe République ». Survivant des hussards de la République, « il nous terrorisait sans avoir besoin de faire grand-chose. Pétochards, on était dans un rapport de crainte et d'amour. Dès qu'il nous appelait au tableau, on voulait le séduire ».

Pourtant, M. François ne souriait pas. Jamais le moindre signe d'affection. Tout juste un élève bien en cour obtenait-il la faveur d'aller lui chercher des cigarettes, car l'instituteur fumait en classe : « Au tableau, la cigarette au bec, avant même qu'on réponde à sa question, il nous saisissait la peau à côté de l'oreille. Quand la réponse était mauvaise, il tirait vers le haut. Et plus les réponses étaient mauvaises, plus l'élève se voyait tiré vers le haut. Bientôt, on se retrouvait sur la pointe des pieds. » Un matin, à 8 heures, dans la cour de l'école, Philippe Claudel fait la toupie, tombe sur le coude, se tord de douleur : « Il m'a laissé trois heures et demie au fond de la classe avant d'appeler le médecin, j'avais une double fracture… Ce n'était pas un tendre. Ni mon père ni ma mère n'ont osé râler contre ça. »

Aujourd'hui, M. François serait, sinon en prison, sanctionné, voire révoqué. Et pourtant… Il a laissé une trace indélébile dans la mémoire de Philippe Claudel : « Au moins deux fois par semaine, il nous demandait de venir avec deux vers de poésie écrits sur un sujet libre. C'était un calvaire pour la majorité de la classe. Mais pour moi, un bonheur absolu ! Quelqu'un m'autorisait à faire de la poésie ! Et non seulement m'autorisait, mais m'incitait à le faire. » Dans le même temps qu'il faisait découvrir à ses élèves les poésies de Victor Hugo, de Maurice Carême, de Maurice Fombeure, d'Émile Verhaeren, M. François semblait leur dire : « Vous aussi vous pouvez être poètes ! » En tout cas, se souvient Philippe Claudel, « je le comprenais comme ça ». Comme une marque de considération...

Et s'il n'y avait eu que la poésie ! Un jour, le maître raconte à ses élèves que des écrivains tiennent un journal intime, écrivent leurs pensées du jour, leurs angoisses, leurs espoirs, leurs amours. Un choc pour le petit Philippe : ainsi, les écrivains se confessaient ! L'écolier se met à la tâche. Pendant un mois, il écrit chaque jour, sur un beau carnet rouge, un petit texte, se creuse la tête, et aboutit inexorablement à décrire, dans l'ordre, le menu du jour, le programme de télévision, les notes et le nombre de buts encaissés au football : « La nourriture venait en premier, avec des notations hyperboliques : "Nous avons mangé d'excellentes côtes de porc", ou "Maman a fait une tarte exceptionnelle". » Philippe Claudel dit ne conserver aucune trace de son passé, mais il a gardé ce petit carnet rouge... qui n'a eu qu'un mois d'existence.

Le 9 novembre 1970, Philippe Claudel est en CE2, et de Gaulle meurt : « J'étais dans la cour de récréation, mon père passe avec sa tenue de policier s'arrête, et dit : "Le Général est mort." J'avais l'impression qu'il le connaissait bien. » Le lendemain de l'enterrement, toute la famille est à Colombey-les-Deux-Églises devant la tombe. « Ainsi, le père François, le shah d'Iran, de Gaulle, mon père formaient un quatuor de supra-figures paternelles. Tout ce que pouvait dire le père François avait donc un impact énorme. Et quand ça rejoignait ce qui commençait à être une préoccupation importante pour moi, c'est-à-dire l'écriture, sa parole était d'or. »

Moi, Philippe Claudel, j'ai le droit d'écrire, s'émerveillait le futur écrivain : « Je me rendais bien compte de ce que j'étais : un petit garçon, dans une ville populaire, venant d'un milieu modeste, en Lorraine. Pas le fils de Victor Hugo. J'en ai eu conscience dès cet âge parce que l'usine Solvay employait des ouvriers, des ingénieurs, un sous-directeur, un directeur. La notion de classe sociale, je l'avais sous les yeux. Avec ma sœur, on s'était inscrits au club de tennis de la ville, qui était un club Solvay, créé pour que ces messieurs les ingénieurs et leurs femmes se délassent. Ils ne pouvaient pas nous en interdire l'accès. Mais j'ai vu les regards et, au bout de deux ans, j'ai arrêté. »

Philippe Claudel n'a pas de tendresse pour le père François – « Je ne peux pas dire que c'est une figure que j'aimais bien, et que j'aime bien maintenant. » Pas de tendresse, mais une reconnaissance énorme, jamais déclarée, et qu'il confesse enfin : « Cet homme que je pensais sans cœur, sans mémoire, sans rien, est revenu des années après – je devais avoir trente ans, je n'avais pas encore publié –, alors qu'il avait quitté la région, frapper à la porte de mes parents pour demander de mes nouvelles. C'est très étrange. Il n'est venu que chez nous. » Philippe Claudel tentera de le retrouver, par le biais du rectorat. Sans succès. Qu'avait pressenti le vieux maître ?

Aujourd'hui, Philippe Claudel dit qu'aucun professeur ne peut bien connaître la trace qu'il laisse chez ses élèves : « On a parfois des élèves pour lesquels on se dit : "Bon, ce que je fais n'est pas inutile." Mais c'est difficile d'être prof, parce qu'on ne le sait généralement pas tout de suite. Il arrive que des élèves viennent vous voir des années plus tard : "Monsieur, l'année que j'ai passée avec vous a été formidable." Cela m'est arrivé avec un garçon, en seconde, toujours au fond de la salle, tout le temps à faire la gueule, je le retrouve quinze ans plus tard, et il me dit : "Monsieur, c'est la plus belle année que j'aie jamais passée. Je buvais vos paroles." » Le père François n'a jamais su ce que Philippe Claudel lui devait.

Gladys Cohen

« Vuibert, c'est juif ? » Dans *La Vérité si je mens !* (1997), Richard Anconina *alias* Eddie Vuibert, le goy invité dans la famille de son nouveau copain du Sentier, Dov Mimran, est gentiment cuisiné lors d'un dîner mémorable. Eddie s'emmêle les pinceaux : « Vuibert, c'est comme Weber... » La sœur de Dov ne le voit pas trop en Ashkénaze. Mais la mère de Dov, elle, a déjà adopté Eddie Vuibert comme un fils : « Bien sûr que c'est juif, s'il dit que c'est juif. » Le film est devenu culte. Gladys Cohen, à quarante-six ans, faisait ses débuts au cinéma. Elle s'est retrouvée abonnée aux rôles de mère juive – *La Vérité si je mens ! 2 et 3* – ou arménienne – la Seta Malkavian de *Plus belle la vie*, c'est elle.

Drôle de destinée... Gladys Cohen n'avait jamais rêvé de cinéma ni de télévision. Et l'essentiel de sa vie, romanesque, est ailleurs. En 1965, une adolescente venue de Casablanca débarque à Orly. Elle a quatorze ans, et elle est seule. Ses parents l'ont envoyée à Paris car ils rêvent pour elle d'une grande vie : « Je crois qu'il y avait un cousin à Paris, j'ai le très vague souvenir d'une adresse, de quelqu'un qui m'attendait dans la rue, à ma descente de taxi. » Du moins Gladys a-t-elle l'avantage de ne pas être perdue en français : « On parlait beaucoup de langues à la maison, le français bien sûr, mais mes parents parlaient l'arabe lorsqu'ils voulaient qu'on ne les comprenne pas, c'était leur langue maternelle. Ils connaissaient aussi l'anglais, et ma mère parlait l'espagnol et le ladino, la langue des Séfarades du Maroc. »

Mais la vraie langue de la famille, c'est la musique. Il suffit d'aller sur le site pittoresque de Shimon Reuben, frère aîné de Gladys, « pianiste-compositeur-philosophe » israélien, longue barbe et kippa, pour y découvrir une étonnante photo de leur lointaine enfance marocaine : on y voit l'adolescent Shimon au piano, la jeune Gladys – une dizaine d'années – au violon, et leurs deux petits frère et sœur à la flûte et au violoncelle. On y trouve aussi une photo de leur mère, la belle Bellida Cohen, joueuse d'oud, et celle d'un vénérable patriarche, Élie Bohbot, kanoun (cithare) posé sur les genoux : « Mon père était un grand spécialiste de la musique arabo-andalouse, très souvent invité à la cour du roi Mohamed V. Il jouait de tous les instruments arabes, mais avait mis ses quatre enfants à la musique classique. Nous sommes tous allés au Conservatoire de Casablanca. Il donnait des cours à la maison, de flûte, d'oud, de kanoun, et après ses cours, je répétais au piano, dès l'âge de trois ou quatre ans, les airs que j'avais entendus. J'étais probablement la plus douée. J'ai déchiffré la musique avant de savoir lire... »

À dix ans, Gladys obtient son premier prix de violon au Conservatoire de Casablanca. Ses parents ont pris leur décision : elle ira étudier dès que possible au Conservatoire de Paris. « Donc, quatre ans plus tard, à peine arrivée à Paris, je passe le concours du Conservatoire et je suis reçue. Avec maître Benedetti comme professeur de violon. Je loge dans un foyer juif à Neuilly. J'avais une bourse, je crois, du Maroc. »

Mais à la fin de la première année, au moment où elle doit passer le concours, Gladys Cohen tombe gravement malade. Septicémie. Elle frôle la mort. L'année suivante, échec au concours : « Au Conservatoire, quand vous n'avez pas de récompense au bout de deux ans, vous êtes mis à la porte. » C'est ce qui arrive à Gladys Cohen. À quinze ans et demi, seule à Paris, en situation d'échec, perdue : « Deux ans pour rien ! Et j'avais quitté le Maroc, pas question d'y revenir, j'étais désespérée. Dans la classe de solfège, un jeune garçon avec qui je m'étais liée d'amitié m'a dit : “Va prendre l'avis d'une dame que je connais, c'est une excellente violoniste, elle est de bon conseil.” »

Boulevard de Clichy, métro Blanche. Un bel appartement au-dessus d'une cour merveilleuse, qui héberge aujourd'hui un luthier. « J'ai sonné chez Geneviève Lorrain. Regardez ce visage… » Gladys Cohen nous montre la photo noir et blanc d'une jeune femme aux yeux clairs, pommettes saillantes, tresse sur la tête, archétype de beauté slave : « Elle devait avoir soixante ans quand je l'ai connue, mais avait toujours les mêmes traits, la même allure. » Dans l'appartement, quinze chats et un chien, qui hurlait souvent à la mort à cause du violon. « Je n'étais sortie que depuis peu de la famille, je n'avais aucune référence, je trouvais le pays bizarre. Et je n'avais jamais vu un appartement pareil. Chez les Juifs, on n'a ni chien ni chat… » Gladys Cohen explique à Geneviève Lorrain qu'elle a été mise à la porte du Conservatoire. « Je lui ai joué le premier mouvement du concerto de Mendelssohn. Elle a écouté attentivement et m'a dit : "J'enseigne depuis vingt-cinq ans, je n'ai jamais vu quelqu'un d'aussi doué. Malheureusement, vous ne savez rien, vous n'avez aucune idée de ce que vous faites." »

Ce compliment absolu et cette chute accablante plongent la jeune fille dans le désarroi : que faire ? « Tout reprendre à zéro ! Si vous voulez travailler avec moi, il va falloir faire des cordes à vide pendant six mois… » *Tabula rasa* ! « J'ai souvent fait des *tabula rasa* dans ma vie. Je suis une spécialiste, des miracles sont arrivés après des catastrophes… » La jeune Gladys Cohen n'hésite pas un instant : « Je l'ai suivie comme une aveugle. Je ne comprenais pas encore pourquoi il fallait tout recommencer, faire des cordes à vide, ne travailler que l'archet, mais je comprenais qu'il fallait le faire. »

Nous sommes en 1967. Arrivent le mois de juin et la guerre des Six-Jours. Les Juifs des pays arabes subissent une pression terrible. Les parents de Gladys n'ont pas d'autre choix que de quitter le Maroc : « Ils n'ont pas été expulsés, mais ce n'était plus tenable. Pourtant, mon père parlait l'arabe, et pas seulement l'arabe dialectal, il était porteur de toute la culture musicale arabo-andalouse. Certes, il parlait aussi l'hébreu parce qu'il avait passé son enfance dans une yeshiva, il faisait shabbat, mais c'était un mécréant... » Élie Bohbot et Bellida Cohen s'exilent et emménagent à Paris dans le populaire 20e arrondissement : « On s'est retrouvés, deux parents complètement paumés et quatre enfants entassés dans 45 mètres carrés ! Et mon père et ma mère me découvrent en train de faire de la corde à vide, ils ne pouvaient pas comprendre. "On t'a payé deux ans d'études pour ça !" Je ne pouvais pas leur expliquer, car je ne comprenais pas non plus ce que je faisais... »

La décision est prise, Gladys Cohen quitte ses parents : « C'était l'année du bac, je ne pouvais pas étudier ni travailler le violon chez eux, je ne pouvais plus supporter ma mère. Elle m'a dit que si je partais, elle me coupait les vivres. Et je me suis retrouvée à seize ans à la rue. » Heureusement, la directrice du lycée Racine où la jeune fille est scolarisée lui trouve à la fois un logement pour qu'elle puisse bachoter pendant deux mois et des cours de musique à donner. Arrive Mai 68, Gladys a son bac comme tout le monde : « Pendant ce temps, cette dame, je la voyais quand ça me prenait. J'ai joué au fantôme avec Geneviève Lorrain pendant trois ans ! Des allers-retours permanents. Elle acceptait, c'est cela qui est extraordinaire. À chaque fois que je l'appelais au téléphone, j'entendais : "Ah, notre revenante ! Alors quand venez-vous travailler ?" »

Pourquoi aussi peu d'assiduité ? « La rigueur, la discipline, ce n'est pas inné ! J'avais subi un échec, et surtout, j'étais seule, je devais subvenir à mes besoins, dans une précarité absolue. » Elle vend des fleurs, fait du baby-sitting, trouve un rôle de violoniste dans une pièce de théâtre. « J'ai souvent volé parce que je n'avais pas de quoi manger. Pendant un an, c'est difficile à croire, j'ai dormi chaque soir dans un lieu différent. À l'époque, c'était plus simple, on trouvait toujours des gens qui vous accueillaient. Les très rares fois où je n'ai pas su où aller, j'ai dû rentrer chez mes parents. Mais c'était une telle souffrance pour moi que je préférais être n'importe où plutôt que chez eux. »

Et Geneviève Lorrain patiente... Accueillant son élève infidèle, lui donnant de longues leçons sans même la faire payer. Sans jamais dire un mot sur ses absences. Reprenant l'apprentissage du violon. D'abord les cordes à vide : « Prendre un archet et comprendre comment ça fonctionne. Le pouce et le médium collés autour de l'archet, le léger appui sur l'index après la première phalange, et l'auriculaire en équilibre, et tout ça totalement naturel. Ça prend des mois ! » Ensuite, tenir un violon : « L'appui sur l'épaule interne, le juste poids de la tête, le bras totalement libre. Ne pas finir comme Yehudi Menuhin avec des tendinites partout... » Enfin, avec ces acquis, recommencer les gammes...

« Le problème, c'est que ça avançait très lentement, puisque je n'avais pas de régularité. Le violon, ça se travaille des heures et des heures, dans un cadre, une chambre, avec de la discipline. Mais Geneviève Lorrain ne disait rien. "Notre revenante." Elle ne disait rien d'autre. Je voyais cette femme qui ne changeait jamais sa façon d'être avec moi. J'étais écrasée par cette unilatéralité du don. Jusqu'à la gratuité absolue de ses cours, puisque, à partir du moment où elle s'était aperçue que je n'avais pas d'argent, elle n'avait plus jamais accepté un sou de moi. » Et puis, un jour, c'est le déclic : « Je me suis juré que je ne raterais plus jamais un seul cours... »

Gladys Cohen en est persuadée : « Le fait qu'elle ne m'ait jamais fait la moindre remontrance, le moindre reproche, a évidemment été déterminant. Je ne me sentais pas digne d'elle. Et j'ai voulu lui faire honneur. » Geneviève Lorrain était veuve, sans enfant, après s'être occupée de son mari malade. Elle avait longtemps été violoniste dans l'orchestre Lamoureux : « L'appartement était plein de livres. J'aimais sa façon de parler très parisienne, avec des tas de mots que je ne connaissais pas. Elle avait beaucoup d'humour. Je me souviens d'une de ses expressions quand je jouais : "Qu'est-ce que c'est que ce fourbi ?" J'avais souvent l'impression d'être à côté de la plaque, de ne jamais comprendre vraiment ce qu'elle disait, de ne pas être assez mûre pour profiter de ses enseignements. » Impression fausse, bien sûr : « À vingt et un ans, grâce à elle, j'ai pu repasser un concours au Conservatoire de Versailles, et j'ai eu mon premier prix ! »

Cap sur l'Espagne ! Gladys Cohen obtient une place de violoniste dans l'orchestre de la télévision espagnole puis, sur concours, à l'Orquesta Nacional. Avec désormais une seule idée en tête : apprendre à chanter aux côtés de la soprano Teresa Berganza ! Car depuis ses dix-huit ans, Gladys Cohen veut devenir chanteuse d'opéra : « Geneviève Lorrain soutenait ma décision. Elle aussi avait voulu chanter, elle était folle de chant. Un professeur lui avait cassé la voix. Elle m'avait dit de faire attention : on ne confie pas ses cordes vocales à n'importe qui. Mais elle avait parfaitement compris que le chant allait devenir mon moyen d'expression. »

Gladys Cohen pense que sa professeur de violon a fait plus que « changer sa vie », elle l'a fait basculer : « Elle m'a d'abord tirée du néant, puisque j'étais perdue, sans maison, sans famille, ou me considérant comme sans famille. Mais tant que j'étais avec elle, je ne savais pas si j'étais sur la bonne voie ou pas. C'est à Madrid, quand j'ai commencé mes études de chant, que j'ai compris ce qu'elle m'avait apporté. Tout est devenu limpide. »

Geneviève Lorrain meurt en 1975, deux ans seulement après le départ de son élève : « Je faisais des allers-retours et la voyais régulièrement. Je me souviens que je lui avais rapporté un oreiller spécial contre les allergies. J'ai pris encore quelques cours. Mais j'étais à Madrid quand elle est morte. » Les années suivantes pour Gladys Cohen seraient encore bien mouvementées. Mais toujours ancrées dans le souvenir de sa prof de violon, marquées par son influence : « Dans mon cheminement vers le chant, Geneviève Lorrain m'a donné la capacité de reconnaître à qui j'avais affaire. Quand j'ai compris que je n'apprendrais rien en Espagne avec cette affreuse Teresa Berganza, je suis partie à Salzbourg. » Gladys Cohen sait alors qu'elle ne veut pas seulement chanter, mais transmettre : « Je voulais suivre le chemin du professorat, j'étais dans la même recherche qu'elle. Elle m'a donné ce goût pour l'enseignement. Elle m'avait formatée pour cela, et c'est grâce à elle qu'on ne m'a pas abîmé les cordes vocales. » Gladys Cohen continue à jouer du violon jusqu'à l'âge de trente ans, puis l'abandonne pour se concentrer sur le chant, divers postes dans des conservatoires. « Quand j'ai commencé le cinéma avec *La Vérité si je mens !*, j'étais encore chanteuse. J'ai toujours quelques élèves, je mourrai maître de chant... »

Gladys Cohen s'amuse au passage de sa trajectoire, de ce détour par le cinéma et la télévision qui lui ont apporté la notoriété : « Parler plusieurs langues, jouer du violon, développer ce qu'il y a de plus sophistiqué au monde, le chant d'opéra, pour finir par interpréter une sorte d'analphabète, il faut le faire... » Mais elle dit être animée en tout par ce que Geneviève Lorrain lui a transmis : la rigueur, la discipline. « Avec elle, c'était vraiment l'école de la grandeur. Elle ne lâchait rien, elle ne laissait rien passer. » L'élève pense-t-elle qu'elle était « unique » aux yeux de sa professeur ? « Oui. Je crois qu'on peut ne pas être aussi généreux avec tout le monde. C'est d'ailleurs pour cela que j'ai décidé un jour de lui rendre ce qu'elle me donnait. Parce qu'elle croyait en moi. » Gladys Cohen hésite avant de dire : « Je crois tout simplement qu'elle m'a aimée. »

Elle ajoute que cette relation est restée celle, un peu secrète, de maître à élève, sans témoins : « Mes parents ne l'ont jamais connue, ils n'ont jamais compris la démarche qui consistait à repartir de zéro. Vous connaissez beaucoup de gens qui se soumettent à ça ? Yehudi Menuhin l'a fait, mais si vous regardez bien, il ne travaillait pas dans la continuité de l'archet, il avait un problème qu'il n'a jamais pu résoudre, je le sais parce que j'ai été très amie avec Jeremy, son fils. Menuhin n'est pas un exemple à donner. Cela n'enlève rien au fait que c'était un génie. Mais s'il avait rencontré quelqu'un comme Geneviève Lorrain à l'âge de cinq ans… »

Gladys Cohen regarde la photo qu'elle a apportée : « Je l'avais vue chez elle et la lui avais demandée. » Elle la retourne et en dévoile la dédicace : « À ma grande fille. »

André Dussollier

À Cruseilles, bourgade savoyarde nichée au pied du mont Salève – à 1 352 mètres d'altitude –, un gros millier d'habitants dans les années 1950, le percepteur s'appelle M. Dussollier. Il a un fils unique, André, un garçon un peu chagriné que les enfants du bourg appellent son père « le persécuteur ». Dans la classe d'André, il n'y a que quatre élèves. Que dire de plus ? Le reste disparaît dans le brouillard. Un ennui neigeux recouvre les souvenirs. Les jours passent, les semaines, les années. André a maintenant dix ans, se réfugie dans le football et les activités sportives, seule échappatoire à la pesanteur familiale. Au printemps 1956, il a terminé sa septième. Sans encombre. Pourtant, en septembre, il est toujours là, traînant sur les bancs de sa petite école, végétant dans sa classe de primaire, sans qu'on sache vraiment pourquoi. Mme et M. Dussollier ont des amis en ville, dans la sous-préfecture de Saint-Julien-en-Genevois, qui leur rendent visite et s'inquiètent pour André, c'est dommage, vous ne pouvez tout de même pas le laisser là, il faudrait qu'il aille au collège, qu'il entre en sixième…

Dans le brouhaha d'un grand café parisien, à Montparnasse, André Dussollier se perd dans son village savoyard, le flux de sa parole est ininterrompu, la voix, chaude et réconfortante, mais la tête reste penchée en avant, les yeux rivés sur la table, peut-être clos, derrière une main en visière. « Vous avez deviné que dans ce milieu rural on n'a pas forcément les meilleurs professeurs, tout a été pour moi chaotique. »

Les amis des Dussollier ne se contentent pas de leur donner des conseils pour l'éducation de leur fils, ils prennent les choses en main : André sera « externe interné » à Saint-Julien-en-Genevois, il prendra ses repas au collège, et ils l'hébergeront le soir. Seulement, un trimestre a déjà passé, et quand le jeune André démarre sa sixième en janvier, « c'est un choc violent. On était quatre garçons et vingt-cinq filles. Je ne me suis pas présenté au quatrième cours. Le professeur d'histoire-géo a déchiré mon cahier. J'étais mal, mes études secondaires commençaient mal… »

Pourtant, le déclic était imminent. Ce n'est pas un prof qui a changé la vie d'André Dussollier. C'est l'initiative d'une prof. D'elle, André Dussollier se souvient peu, guère capable de la décrire ni d'évoquer son enseignement : tout juste saura-t-on qu'elle s'appelait Mlle Schlemmer, qu'elle était demoiselle donc, d'origine alsacienne, la cinquantaine, professeur de français. Un jour, elle annonce à ses élèves une nouvelle tout à fait surprenante : elle a décidé de les emmener voir une pièce de théâtre. « Je ne savais pas ce qu'était le théâtre, je ne savais même pas que cela existait, je n'en avais jamais entendu parler. » Mlle Schlemmer fait seulement part du programme : des comédiens venus de Paris, des Jeunesses musicales de France, joueront *Poil de Carotte*, une pièce adaptée du roman de Jules Renard.

André Dussollier lève enfin les yeux : « Le jour dit, toute la classe entre dans la salle où devait avoir lieu le spectacle, une salle pas vraiment aménagée, certainement pas un théâtre à l'italienne – on est à Saint-Julien-en-Genevois, sous-préfecture des années 1950 ! Mais quand même, c'était une troupe parisienne qui venait jouer pour nous cette pièce de Jules Renard, et tout d'un coup... j'ai eu plusieurs émotions en même temps ! » Le débit d'André Dussollier s'accélère : « J'entendais évoquer sur scène la relation d'un enfant à ses parents, sujet qui me touchait intimement. Et je voyais autour de moi des enfants et des adultes rire, être émus, applaudir à tout ce qui était pour moi source de conflit. Alors que les phrases dites par les personnages auraient provoqué des torrents de réactions chez mes parents, là, au contraire, c'était compris, entendu calmement. »

Le jeune Dussollier comprend instantanément la distance qu'introduit le spectacle : « C'était vraiment un lieu paisible. Les personnages se permettaient de dire des choses et de les formuler d'une façon que je n'aurais jamais pu entendre à la maison. Mais du fait que cela se passait sur une scène, une distance immédiate était créée. Cette tranche de vie était acceptable alors que dans la réalité elle ne l'était pas. »

André Dussollier est bien conscient de ne pas alors avoir su analyser ce qu'il a ressenti, mais il est certain aujourd'hui de traduire l'émotion de ce moment-là : s'être tout à coup rendu compte qu'à côté du monde réel dans lequel il vivait existait un monde fictif où on racontait des choses, où des auteurs créaient un univers. Et où la réconciliation était possible.

Car quelles étaient jusqu'alors les émotions d'un élève de dix ans tout juste sorti de son village ? Faibles, dans un univers d'obligations, contraint de travailler et de suivre les cours, d'échanger un peu avec son père et sa mère. « L'espace dans lequel je m'exprimais le plus, c'était le sport, j'en faisais beaucoup, cela représentait la liberté physique mais pas seulement, c'était de la création – jouer en équipe était même pour moi un acte politique, car je jouais avec des garçons de toutes origines sociales. » Et voilà que le théâtre, tout à coup, faisait aussi tomber les barrières émotionnelles – les mots, la pensée, la morale, tout s'écroulait, « puisqu'on pouvait tout dire, tout entendre, et que les acteurs qui vivaient cela intensément fascinaient leur auditoire ».

Mlle Schlemmer a-t-elle compris le choc que cette expérience représentait pour le petit garçon de Cruseilles ? « Oui, sans doute. Mais elle n'a pas fait de distinction entre nous. » Car André Dussollier n'était pas le seul que la représentation de *Poil de Carotte* avait bouleversé. Toute la classe réclamait d'autres œuvres de théâtre, ce qui ne risquait guère de se produire dans cette petite ville : « Alors elle a décidé de monter des pièces avec nous. »

André Dussollier se souvient surtout de la première création scolaire, *L'Enfant et la Rivière* de Henri Bosco :

« L’action se passait dans une barque, et elle m’avait donné le rôle principal. J’étais tout content et tout fier. Mais elle voulait faire participer tout le monde, je devais donc quitter la barque en plein milieu du spectacle pour donner mon rôle à un autre, ce qui me paraissait un coup porté à la crédibilité théâtrale. J’avais déjà une réaction d’acteur... » L’écolier, certes, pouvait comprendre l’intention de sa professeur de faire participer toute la classe, « mais du point de vue du spectateur, cela me paraissait absurde ». Le point de vue du spectateur ? « Oui, j’en étais déjà soucieux, puisque j’avais d’abord été au théâtre un spectateur. »

Mlle Schlemmer est restée « le professeur qui montait des pièces », c’est la seule chose qu’André Dussollier a retenue de son enseignement, avec la magie de « passer de l’autre côté, du côté de ceux qui font croire à une histoire ». Cette histoire a duré de la sixième à la quatrième, croit se souvenir l’acteur, elle a pris fin parce qu’il a changé de lycée, quittant Saint-Julien pour Thonon-les-Bains, mais le pli était pris : « Je n’ai dès lors jamais cessé de voir des pièces, des films, des concerts, de faire du théâtre parallèlement à mes études, de participer à cette vie artistique qui avait fait irruption dans ma vie. J’ai même entraîné mes parents, ou forcé mes parents à aller voir des spectacles, eux qui n’avaient jamais eu cet usage dans le milieu rural où ils vivaient. »

Il y aura bien sûr d’autres profs dans la vie d’André Dussollier. Mais plus aucun choc comparable à celui causé par Mlle Schlemmer. Des études, de l’ennui, beaucoup, et deux figures marquantes tout de même : « François

Chirpaz, à Annecy, une révélation ! Ce professeur de philo était un amoureux de Sartre. *L'existentialisme est un humanisme* m'a fait briser d'autres chaînes. La morale traditionnelle et la religion, Sartre a balayé tout ça. J'ai compris qu'on n'était pas voué au déterminisme social ou géographique. » Deuxième figure, le professeur de théâtre Jean Périmony, à l'arrivée d'André Dussollier à Paris : « J'avais vingt-trois ans et demi, car j'étais allé au bout de mes études universitaires, lettres modernes et linguistique. Or, l'âge limite pour passer le concours du Conservatoire était vingt-quatre ans. *Péri* m'a dit : "Il faut que tu travailles encore, viens à mon cours, demande une dérogation pour entrer l'année d'après." C'était un homme vrai, soucieux de notre niveau, de ce qu'on pouvait apprendre, de ne pas aller trop vite. Il me disait : "La chance arrive toujours, ce qui est important, c'est d'être prêt au moment où elle arrive." »

Et la voix d'André Dussollier, cette diction si particulière, reconnaissable entre mille, d'où vient-elle ? « Pas de son enseignement, je ne crois pas, le théâtre n'y est pour rien. Se faire entendre dans le moindre mot, la moindre syllabe, la moindre réplique, c'est la première des politesses dans la vie comme au théâtre. » Au Conservatoire, André Dussollier a été intrigué par la présence d'un prof spécialisé dans la diction. « Cet accent mis sur la diction dans l'enseignement théâtral, cela m'a toujours paru une conception mécanique des choses. La diction n'est qu'un élément du jeu, qui me semble assez naturel. Aimer les mots donne l'envie d'être entendu. » Au point qu'André Dussollier a choisi d'être aussi un comédien sans visage, une voix littéraire bien connue de la radio : « Je suis très sensible aux voix, y compris au téléphone. La voix de Mlle Schlemmer était un peu syncopée, mais moins que celle de M. Chirpaz, que je ne peux dissocier de sa manière de rapprocher les mots, de faire des phrases, des respirations. Il était, en fait, une voix qui improvise, une voix qui suit une pensée en action. C'est notre métier à nous, comédiens, de pouvoir donner l'impression qu'on improvise, alors même que les mots ont été tellement travaillés. La spontanéité, cela se travaille. C'est à cela qu'était arrivé Chirpaz avec la philo. » Faudrait-il, pour être un bon prof, être un bon comédien ? « J'imagine qu'il faut bien savoir son texte, bien connaître ce qu'on a à dire, et la pelote se déroule toute seule. C'est cela qui est fascinant, quand le savoir d'un prof est tel qu'on ne voit plus les coutures, comme on dit dans notre métier. On ne voit plus les chapitres se dérouler les uns après les autres, cela devient comme une conversation. Avec lui, on avait l'impression d'être au café, il sollicitait notre point de vue, je levais tout le temps la main, les élèves relançaient le débat, c'était sa manière de rendre sa matière très vivante. »

La philo hante-t-elle toujours André Dussollier ? « Non ! Je ne suis pas allé plus loin que mes études. J'ai été fasciné par le prof, pas par la matière, même si j'ai dû lire beaucoup de philo pendant cette année de terminale. Ma passion restait le théâtre. Il fallait que je passe mon temps à jouer, à découvrir des pièces, à les lire. Simplement, cette année de philo s'est faite dans le plaisir, alors que je traînais mes études secondaires comme un boulet. » André Dussollier se lance dans un réquisitoire contre le système scolaire français : « Pas inventif, pas ingénieux, pas vivant. Vous vous rendez compte, sans ce professeur de français en sixième, j'aurais pu ne pas découvrir le théâtre, ou je l'aurais découvert plus tard, hors de l'école, mais peut-être trop tard ! » Surtout, ajoute André Dussollier, « qu'une autorité scolaire en la personne de Mlle Schlemmer m'ait fait découvrir le théâtre a donné une légitimité à cette matière. Initié par une comédienne ou un comédien, j'aurais été dans un monde interdit. Mais là, un professeur… »

André Dussollier se rend compte que Mlle Schlemmer a été une exception : « J'aurais pu tomber sur un professeur qui m'apprenne Racine ou Molière de façon livresque. Certains enseignants pensent que le théâtre est fait pour être étudié au même titre qu'un roman. Ils s'en font une obligation. Or, non, non ! Le théâtre doit être joué et incarné. » Et pour cela, André Dussollier a retenu la leçon de l'autodidacte Périmony : « Deviens ton propre professeur ! Il n'y a pas plus riche enseignement que lorsqu'on glane à droite à gauche les moyens de devenir son maître. Ne pas subir de façon passive, comme trop souvent à l'école. Refuser la méthode, refuser le moule. J'aime cette idée de Dubillard qu'il faut se lancer dans le vide, sans se préoccuper du parachute. Ça fait peur de se lancer en scène, un personnage, c'est très fragile, il faut oser. Je prépare une adaptation de *Novecento,* le roman d'Alessandro Baricco, sur un musicien de jazz. C'est compliqué, il faut le construire. Mais je suis arrivé à l'âge où je peux prendre des risques. »

Au bout d'une heure d'entretien, la pression de l'enfance entravée semble s'être enfin relâchée. Pas tout à fait, une dernière tirade : « Quand on est enfant, on est fragile et on n'a pas la capacité de briser les chaînes, il faut du temps, il faut de l'expérience, il faut toute une vie pour s'en affranchir ! C'est si dur d'avoir été enchaîné au départ ! » L'acteur lâche un sourire : « Je vous fais un tableau épouvantable de ma vie… » André Dussollier sait très bien que Mlle Schlemmer a considérablement allégé le poids du fardeau. Si elle n'avait pas été là, les chaînes seraient-elles tombées un jour ? « On est comme l'eau qui coule, il peut y avoir des obstacles, elle trouve toujours sa voie… Je pense donc que j'aurais rencontré quelqu'un quelque part. Du moins, je l'espère. Mais c'est vrai qu'elle est entrée dans ma vie au bon moment, elle m'a fait gagner du temps, elle m'a offert un espace de liberté beaucoup plus grand que la vie qui était la mienne. »

André Dussollier sait qu'il doit tout à celle qui reste sa première prof de théâtre. Et il ne sait rien, ou presque, de son histoire : « J'ai perdu sa trace, je ne sais même pas si elle a suivi mes débuts. C'était une demoiselle solitaire, qui je crois a malheureusement fini dans une maison, il y a eu des rumeurs, elle a perdu la tête, disait-on. J'étais trop jeune pour pouvoir la suivre et lui exprimer ma gratitude. »

André Dussollier s'est levé, très vite, et s'est éloigné dans l'obscurité hivernale du boulevard Montparnasse.

Michel Rocard

Un Rocard peut en cacher un autre. On était parti pour interviewer Michel, et d'ailleurs il est plus que jamais là, dans son bureau des Champs-Élysées, quatre-vingt-trois ans, l'allure jeune homme, le cerveau en bataille, entre deux avions, deux missions, se demandant pourquoi il a encore accepté un entretien, râlant qu'on lui fasse perdre son temps. Mais le moteur démarre et accélère pendant une heure et demie pour céder la place à… Yves Rocard : « Immense physicien, et lui-même fils d'astrophysicien ! Co-inventeur du radar, de tout ce qui est nucléaire civil et militaire en France, directeur du laboratoire de physique de l'École normale supérieure pendant vingt-sept ans, loupant le Nobel d'un cheveu, humour ravageur, caractère épouvantable. Sourd comme un pot – Hergé s'en est inspiré pour Tournesol –, toujours à côté de ses pompes, malheureux avec son corps, la tête dans les équations, pas réconcilié avec le monde physique. Voilà ce que j'ai eu comme père… »

Nous sommes en 1948. Yves Rocard, qui était aux États-Unis, revient en France pour découvrir que son fiston, dix-

huit ans, a abandonné hypotaupe – c'est comme ça qu'on appelait maths sup – trois semaines après le début des cours pour s'inscrire clandestinement à Sciences-po. Trahison. Erreur historique. « T'es un con ! » Le jeune Michel tente de faire face : « Écoute, papa, c'est peut-être plus compliqué...
– Non, tu peux dire ce que tu veux, ce qui a changé le monde, c'est la science et la technique. Tu n'y as pas accès parce que tu es un con. Tu veux apprendre à baratiner, à paralyser les autres, à les coordonner, c'est-à-dire à les empêcher de travailler, ça me dégoûte, je te coupe les vivres. » Le jeune Rocard payera cher d'avoir trahi le destin familial. « Mon père ne m'a pas parlé pendant dix ans. On s'est réconciliés quand j'ai été père à mon tour et qu'il a adoré ses petits-enfants. »

Pour autant, la rupture n'est pas totale. Le professeur Yves Rocard refuse que son fils quitte la maison. Pas question qu'un homme installé, respectable, ait un fils vagabond, donc il le garde sous son toit, nourri, logé, blanchi : « Mais il faut que tu deviennes sérieux, et pour cela, il faut que tu apprennes quelque chose qui te résiste. Comme ce ne sera pas la science, ça ne peut être que la matière. Je t'embauche comme tourneur-fraiseur dans les laboratoires de physique de l'École normale supérieure. » Et voilà comment le jeune Michel Rocard s'est retrouvé apprenti tourneur-fraiseur, durant deux ans, aux côtés d'un formidable contremaître...

Mais pourquoi avoir refusé les sciences aussi catégoriquement ? « Mais parce que j'étais mauvais ! J'ai eu une mention au bac grâce à l'histoire, la géographie, le français, le dessin ! Mais pas la moyenne dans les matières scientifiques ! » Le parcours est pourtant sans fautes, au cœur du Quartier latin : l'École alsacienne en primaire, à 80 mètres du domicile familial, rue d'Assas. Puis Montaigne et Louis-le-Grand. « J'ai eu une galerie de profs superbes. La meilleure scolarité de Paris. » Michel Rocard garde un souvenir ébloui de sa seconde à Louis-le-Grand, en pleine Occupation : « Arrive l'étude de la Renaissance, histoire et littérature. Mes deux profs, Chevalier, en lettres, et Charles-André Jullien, immense professeur d'histoire, spécialiste de la période coloniale, décident de faire cours ensemble. Pendant que l'un causait, l'autre se baladait parmi les élèves avec des livres de grands peintres, Rubens, Vinci, et ça dure deux mois. Comme il valait mieux être dans les premiers rangs, on cavalait pour être en avance. Il n'y a jamais eu un absent ! »

Michel Rocard se souvient aussi, la même année, d'un prof de sciences naturelles qui « avait trois caractéristiques ». Un, une extraordinaire compétence (« Il passait la moitié de l'année à nous parler des termites, qui le fascinaient, et l'autre à galoper pour assurer le reste du programme. Je suis devenu entomologiste, passionné par les insectes, d'autant que j'étais boy-scout... »). Deux, une vraie brutalité (« Quand on disait des conneries, il nous attrapait par les cheveux et secouait »). Trois : « C'était un antiallemand déchaîné ! Il passait un tiers du cours à nous commenter les nouvelles de la veille, refaisait la stratégie des fronts de combat, Russie, Libye... »

Au même moment, le paternel court les falaises du cap Gris-Nez, au plus près de la Grande-Bretagne, pour photographier les tout premiers radars allemands, calculer, d'après la géographie et le dessin des antennes, leur longueur d'onde, en déduire la zone couverte, et refiler le tout aux Anglais... Dès septembre 1940, auparavant réformé du service militaire pour surdité et maigreur, le professeur Rocard a fait un autre calcul scientifique : compte tenu des ressources, du temps, des rapports de force, les Allemands vont perdre la guerre, mais ça va être très long. Il faut donner un coup de main pour accélérer leur défaite. Égarer les avions allemands, guider la flotte anglaise, la protéger. « Deux fois arrêté par la Gestapo, et deux fois libéré, la première parce qu'il a joué le débile mental, avec son physique à la Tournesol, la seconde grâce à de faux papiers. Il s'est enfui, embarqué par un de ces petits avions anglais qui atterrissaient la nuit dans les champs de betteraves. À Londres, il est devenu le patron de tous les dispositifs radars des Forces navales françaises libres. »

Pour autant, ce n'est pas l'engagement paternel qui a déterminé celui du fils : « Je suis né en 1930, ce qui signifie que de dix à quatorze ans je n'ai vécu que dans la guerre et par la guerre ! » En juin 1945, le jeune homme, comme tous les scouts parisiens, est réquisitionné pour s'occuper des rescapés des camps rapatriés à l'hôtel Lutetia. Au même moment, au lycée, il découvre en cours d'histoire que Hitler a été élu au suffrage universel. « Ce fut immédiat : c'est la politique qui a déconné, et c'est elle, l'affaire sérieuse. » Au lieu de réviser le bac, il se plonge dans *J'ai choisi la liberté* de Victor Kravtchenko. « Ma vision du communisme a été fixée une fois pour toutes : ne jamais mettre les pieds là-dedans, ne jamais le tolérer. » Impossible, dès lors, de survivre en prépa scientifique : « Quatorze heures de maths par semaine, huit heures de physique et chimie, autant à faire chez soi, régime concentrationnaire. » Pour corser le tout, le prof de physique est un copain de promo de papa : « Il y avait un jeune Rocard dans la salle de classe ! Il fallait qu'il soit le type à ressort qui réponde avant tous les autres. Intolérable. J'ai fui, c'est une des rares lâchetés de mon existence. »

Le sort du fils indigne est fixé. Apprenti tourneur-fraiseur, donc, au laboratoire de physique de l'École normale supérieure. « Mon contremaître était un formidable ouvrier... » Mais avant de parler de ce maître, qui l'a marqué à vie, Michel Rocard tient à faire le tour du métier : « Vous savez comment ça marche, un tour ? » Euh... Le voilà parti, on n'est pas sûr d'avoir compris. « Un moteur, un axe, sur l'axe vous faites balader des pinces qui portent des outils. Vous mettez un barreau circulaire d'aluminium. » Bon, d'accord. « Vous pouvez l'attaquer dans sa longueur, ou en travers... » À quatre-vingt-trois ans, l'apprenti tourneur-fraiseur s'emballe toujours : « Imaginez ce que c'est que de sculpter une demi-sphère, vos deux curseurs doivent travailler à des vitesses différentes, lentement d'un côté, plus vite quand on est vers le milieu, et de nouveau lentement à la fin, et l'autre, celui qui attaque frontalement, à l'inverse... » Que les professionnels nous excusent si l'on n'a pas bien retranscrit la leçon du professeur Rocard. « Trente ans de métier. Voilà mon patron. L'aristocratie ouvrière. Une aristocratie qui a disparu... »

Mais, on s'en doute, le jeune Rocard ne se contente pas de tourner avec son maître. « C'était un trotskiste, ancien des Brigades internationales en Espagne. Pendant les trois cents ou quatre cents heures que j'ai passées à côté de lui à tourner des pièces, il me racontait ce que j'ai envie d'appeler le négatif de Malet et Isaac. » On espère qu'Albert Malet et Jules Isaac, qui ont honnêtement construit l'histoire française à l'usage des classes secondaires pendant un demi-siècle, ne lui en voudront pas, Michel Rocard n'est guère tendre avec eux : « Ces inspecteurs généraux racontaient l'histoire de la moyenne bourgeoisie française. Une histoire de France politiquement correcte. La Commune était à peine évoquée, la naissance du monde syndical oubliée... » Heureusement, retombée inattendue de l'autoritarisme paternel, le contremaître du jeune Michel a tout rétabli : « J'ai eu droit au négatif, à l'émotion d'un militant trotskiste. » Ses engagements : « Il s'était battu en Espagne, mais n'en était pas très fier, ça lui paraissait moins important que son combat social. » Et ses espoirs sous le Front populaire : « Il avait une petite cinquantaine d'années, il était donc encore jeune en 1936, qu'il m'a racontée en détail. » Mais la leçon était plus vaste encore : « Dix heures par semaine, deux ans durant, j'ai écouté cet homme monologuer sur la brutalité dont avait souffert la classe ouvrière tout au long de son histoire. »

L'histoire a été retenue. Durant toute une vie, celle des engagements politiques de Michel Rocard. Ajoutez à ce contremaître trotskiste l'enseignement d'un pasteur (« Totalement bègue suite à la grippe espagnole, mais dès qu'il montait en chaire pour prêcher, ça s'arrêtait ») et la lecture de Jaurès à Sciences-po, et vous avez l'ossature idéologique du père de la « deuxième gauche ». Adhérent à la SFIO, ancêtre du Parti socialiste, il est en désaccord constant avec sa direction, « verrouillée par Guy Mollet ». Heureusement, pour sauver l'honneur du socialisme, il y a Pierre Mendès France : « Je pense avoir été son ami, j'ai raconté partout qu'il était le mien, j'ai surtout été pendant deux ans le secrétaire général de son parti, le PSU, qui était d'abord un lieu de création intellectuelle vivace. »

À chaque instant de sa carrière, Michel Rocard restera sous un double regard, celui du père et celui du contremaître : « Cette phrase, “Tu veux passer ton temps à empêcher les autres de travailler”, mon père ne me l'a dite qu'une fois, mais, suivie de dix ans de silence, elle a laissé des traces. Comme ministre, j'ai donc été avare de législation et de réglementation. » De son contremaître, il a retenu l'impérieuse nécessité de réparer les injustices et de mettre l'État au service des plus faibles. Pour cela, il veut un service public efficace. Il lance ses nouvelles idées, les « centres de responsabilité » et les « projets de service », qui sont à l'administration publique ce que sont les cercles de qualité dans le privé : « On a essayé d'en faire des instruments de transformation sociale. »

Bizarrement, tout à son éthique de la transmission et de la conviction, Michel Rocard reconnaît avoir été un des très rares à « refuser d'être ministre de l'Éducation nationale ». Il s'en explique : « Dans la bagarre privé-public, le dossier était sur la table de Mitterrand. Or, travailler au quotidien avec lui sur un truc qui était dans la rue, ça n'était pas possible. On était trop différents. La culture de cet homme était faite de droit et d'histoire. Historien, très bon juriste, sa vision de la politique, c'était la force, la puissance et la ruse. Toute ma culture était faite de sociologie et d'économie, de droit social, de science du contractuel et de la négociation, disciplines dont il n'y avait pas un bouquin dans son immense bibliothèque. Il s'en foutait. On ne pouvait pas se comprendre. En plus il avait été numéro deux du gouvernement Guy Mollet pendant la guerre d'Algérie, je l'avais accusé d'assassinat... »

Mais Michel Rocard, honnêtement, avance une autre raison : « J'ai refusé le poste parce que je savais le truc indémerdable. Ils valsent tout le temps, les ministres de l'Éducation nationale ! La maison est tellement énorme, cogérée avec ses syndicats depuis cinquante ans. Dès qu'on propose de changer, c'est la grève. Or un gouvernement peut résister à une grève, même des chemins de fer, mais pas à la pression de parents qui doivent garder leurs mômes à la maison... »

Alors Michel Rocard a réformé l'Éducation nationale par la bande : à Matignon, lorsqu'il crée ses « centres de responsabilité » et ses « projets de service », il en exclut l'Éducation nationale, laissant à Lionel Jospin le soin de mettre en place ses « projets d'établissement » : « Pour la première fois dans l'histoire de l'éducation française, un corps d'enseignants s'est réuni pour délibérer. Ce collectif a trouvé pertinent que chaque établissement scolaire se donne des objectifs de long terme. Et cela marche : en publiant chaque année un palmarès des lycées de France, les magazines reconnaissent ce que la collectivité enseignante possède en propre, une vertu collective. » L'ex-Premier ministre s'en félicite : « Sans diriger moi-même l'Éducation nationale, je pense lui avoir mis dans le coffre ces éléments de réforme qui changent les choses en profondeur. Et d'ailleurs, l'échec scolaire, s'il est toujours trop élevé, a baissé de moitié en trente ans », affirme l'optimiste Michel Rocard. Papa et le contremaître peuvent être contents.

Chantal Jouanno

Être écologiste dans un gouvernement de gauche n'est pas forcément une sinécure. Dans un gouvernement de droite, c'est du sport. Pour comprendre comment Chantal Jouanno, secrétaire d'État chargée de l'Écologie entre janvier 2009 et novembre 2010, a passé outre aux avanies que lui faisait subir son camp – taxe carbone abandonnée, lâchages et « recadrages » successifs –, il n'est pas inutile de mettre le cap sur La Heunière, village de 250 habitants, près de Vernon, en Normandie. Au milieu des années 1970, la petite Chantal Paul y grandit dans une classe unique. Une vingtaine d'élèves avec la même maîtresse de la maternelle au CM2, éducation à l'ancienne, poêle à charbon, cours de morale, etc. Résultats très honnêtes. Jusque-là, tout va bien.

À la maison, la situation est moins banale. Le père, Jean-Louis Paul, est dans le carton : « L'image idéale, c'est de dire qu'il était chef d'entreprise. La réalité est qu'il avait monté sa boîte, qu'elle a fait faillite, qu'elle a été rachetée, il est resté directeur. Mais on ne partait pas en vacances, ou alors au camping de Courseulles-sur-Mer. Certes, je ne suis pas née dans une cité ni dans les corons, mais au fin fond de la campagne. J'allais chercher chaque soir le lait à la ferme. Je souhaite à tous les gamins d'avoir la même enfance, mais c'est un vrai handicap pour l'accès à la culture classique. J'en étais à des années-lumière… » Le soir, à la maison, la famille regardait sur cassettes les films de Bruce Lee, « un grand combattant ».

Mais elle n'a pas vraiment de temps à perdre au cinéma : « On était avant tout très sportifs, dans la famille. » Jean-Louis Paul est karatéka, sa femme fait de l'aïkido et du trapèze volant. Pratique quotidienne. Pas question de laisser Chantal et son frère en rade. Justement, à Vernon, il y a un nouveau professeur de karaté. Signavong Deth, vingt-cinq ou trente ans, arrive du Laos, parle quelques mots de français. Personne ne connaît son histoire, et personne ne la connaîtra jamais. On sait juste qu'il est des montagnes, et que les Laotiens des montagnes n'aiment pas ceux des plaines.

Oubliez les méthodes d'aujourd'hui, avec cours pour enfants, pour ados, pour adultes, niveaux différenciés, découverte progressive, ludique… « Avec Signavong Deth, tout le monde était dans le même cours, les adultes devant, les enfants derrière. Garçons et filles confondus. » Chantal a dix ans, vaillant petit format. Pas question de se battre avec les adultes, certes, pour une question de taille, mais il faut suivre, faire les mêmes gestes, copier vaille que vaille. Les adultes font cinquante pompes ? Les enfants aussi. Pas le droit de se plaindre. Pas le droit de parler, d'ailleurs. La tenue, l'entrée des uns et des autres, tout doit être impeccable. Discipline de fer. « Le karaté, c'est pas la danse » est l'expression favorite du Laotien.

« On suivait des entraînements de combat, donc il avait des bâtons, il attaquait et il fallait esquiver le coup. Et si on n'esquivait pas, on se retrouvait avec un bleu. » Dans cet univers impitoyable, une règle intangible prévalait toutefois : le respect des plus gradés envers les moins gradés. « Si une ceinture marron faisait mal à une ceinture orange, le maître le prenait en combat, et lui mettait une volée. Littéralement, surtout si c'était un adulte : il l'envoyait bouler dans le mur. » Dans ces cas-là, Signavong lâchait sa deuxième expression favorite : « Le karaté, c'est pas la boxe. » Entendez la boxe thaïe, alors sport de voyous et de paris… L'ex-championne de France – douze coupes et douze titres en karaté de posture – nous tend une photo du maître : « Le voilà. Aujourd'hui, il est juste un peu plus âgé. Vous voyez, tout à fait normal… »

Et la petite Chantal Paul, comment vivait-elle ce régime de fer ? « Comme tout le monde subissait cet entraînement, et en premier lieu mon père, je ne me suis jamais posé la question de savoir si c'était dur ou pas. C'était normal. Et j'aurais eu honte de me plaindre. De ne pas suivre. L'effort, la dureté de l'effort, et même la souffrance, car on pouvait terminer couvert de bleus, tout allait de soi. » Jamais envie de se révolter ? « Non. À dix ans, on est malléable. Si j'avais commencé à quinze ans, peut-être n'aurais-je pas réagi de la même manière. Cela me paraissait non seulement normal, mais souhaitable. Je me disais, tu es capable de supporter ça, de le faire, de devenir plus forte. J'allais à son cours le mardi soir, le vendredi soir, le samedi tout l'après-midi, et le dimanche matin, et puis on s'entraînait à la maison parce que j'aimais ça… »

Voilà pour le régime, « premier point », dit Chantal Jouanno, qui en voit trois : « Le deuxième, sur lequel il insistait beaucoup, et qui est lié au karaté, c'est la maîtrise de ses sentiments. Ne pas en éprouver. C'est une philosophie. Ni peur ni haine. Être un bon combattant était une fin en soi. Si vous avez de la haine envers votre adversaire, très vite vous devenez brouillon et vous vous faites dépasser par les événements. Si vous avez peur, évidemment, c'est pire, car vous êtes sur la retenue. C'était vraiment un de ses enseignements essentiels. Ne pas avoir peur, donc, tout en n'étant pas agressif. » Ne cherchez plus d'où vient le calme olympien de Chantal Jouanno : « J'entends souvent parler en politique d'"adversaire". Mais au combat, vous n'avez pas d'adversaire, car si vous considérez votre partenaire comme un adversaire, vous avez perdu. J'applique la même règle en politique. Dès lors que vous commencez à hausser le ton, c'est lui qui a gagné. Rester calme. C'est vraiment ce que Signavong Deth nous apprenait. »

Le troisième point, estime Chantal Jouanno, est fondamental : « La compétition ! Elle a joué un grand rôle dans ma vie. Les professeurs de karaté, en 1979, étaient rares. Signavong Deth enseignait à Bonnières-sur-Seine, le club de Vernon a fait appel à lui. Et il a commencé à former les grands champions de l'époque. Sont passés sous sa férule la plupart d'entre eux, à commencer par Myriam Szkudlarek, championne d'Europe. Il travaillait en famille, et tout, dans son univers familial, tournait autour du karaté. Sa femme, laotienne elle aussi, nous entraînait au maniement du bâton. Leurs enfants ont tous fait du karaté et de la compétition.

Je suis restée avec lui jusqu'à ce que je m'installe à Paris, à l'âge de dix-huit ans. Là, je me suis entraînée avec Serge Chouraqui, un profil plus européen, plus classique, dans un rapport moins violent. »

Avoir grandi dans une famille sportive ne suffit pas à expliquer, estime Chantal Jouanno, son tempérament et sa réussite professionnelle. C'est bien l'apprentissage « dur » de ce professeur laotien qui a déterminé sa vie : « Je suis certaine que je n'aurais pas réussi ce que j'ai entrepris ensuite, ni sur le plan scolaire ni sur le plan professionnel, si je n'avais pas eu cette formation, fondée sur l'effort absolu dans un but donné. Au lycée, j'ai eu des résultats très moyens. Cela aurait pu être pire. Sans cette discipline, j'aurais fait une crise d'adolescence sérieuse. J'aurais pu déraper... » La lycéenne moyenne – « 10,1 au bac » – qui avait commencé par un BTS en commerce international finira par intégrer Sciences-po et l'ENA...

Chantal Jouanno est persuadée que la compétition sportive pourrait sortir beaucoup d'adolescents de mauvaises situations : « À Vernon, il y a une cité difficile, avec pas mal de trafics. Beaucoup de gosses de la cité faisaient du karaté avec moi, dans les cours de Signavong Deth. C'étaient mes copains. Eh bien, pas mal se sont détournés de la drogue et ont vraiment fait quelque chose de leur vie. Ma très bonne copine, qui avait commencé le karaté un an après moi, était obèse dans une famille d'obèses, elle avait comme on dit un handicap, absolument rien pour réussir. Elle a obtenu soixante-dix titres nationaux, et dirige un des plus grands clubs de karaté, à Rambouillet. Grâce à la compétition, beaucoup d'adolescents se rendent compte qu'ils peuvent réussir quelque chose. »

Devenue ministre des Sports en novembre 2010, Chantal Jouanno s'est donc battue pour que la compétition soit davantage au cœur de l'enseignement sportif : « Il y a un clivage très fort entre les fédérations sportives d'un côté, l'Éducation nationale de l'autre. Les fédérations jurent un peu trop par la compétition et, du coup, ne développent pas assez d'activités ludiques pour les enfants. Mais de l'autre côté, l'Éducation nationale considère qu'elle dénature le sport, qu'elle est même néfaste pour l'éveil. Je crois, au contraire, qu'elle vous apprend une chose simple : que votre premier adversaire, c'est vous-même. Qu'on ne gagne ou on ne perd jamais contre quelqu'un, mais vis-à-vis de soi. » L'ex-ministre des Sports regrette de ne pas avoir réussi à réformer le sport à l'école : « D'abord parce que je ne suis pas restée assez longtemps à mon poste. Mais surtout parce qu'il n'y a aucune passerelle entre le ministère des Sports et l'Éducation nationale. Si on menait à bien cette réforme, cela aurait un impact sur la confiance en soi des enfants, leur capacité de concentration, et donc leurs résultats scolaires. »

Et pas seulement… « On garde toute sa vie l'esprit que donne la compétition. Je suis parvenue, dans ce monde "un peu brutal" de la politique, à ne pas trahir ce que je suis, parce que j'ai appris l'effort, la persévérance, la mise en danger, et surtout la gestion de l'adversité. Cet état d'esprit, Signavong Deth me l'a transmis. » Chantal Jouanno verrait-elle le monde comme une vaste compétition ? « Dans la vie on se retrouve en situation de compétition, pas en permanence, mais fréquemment. La vie ne fait pas de cadeau, c'est plutôt un atout d'être endurci. En politique, le fait de ne pas avoir peur de prendre des mauvais coups, ça aide. Après, d'autres personnes développeront les mêmes qualités par d'autres biais, d'autres voies, d'autres bonnes rencontres avec des enseignants… »

Ce côté « bon petit soldat », acquis dans le combat sportif, la fondatrice d'Ecolo-Ethik reconnaît sans détour qu'il lui a permis d'investir un terrain – l'environnement – avec compétence et engagement, sans la moindre conviction initiale : « On ne va pas mentir ! Non seulement je n'avais pas de conviction, mais, pire, ce n'était même pas pour moi une interrogation ! En 2002, j'étais dans le cabinet du ministre de l'Intérieur de l'époque, Nicolas Sarkozy, lorsque Claude Guéant m'a dit : "Il serait quand même bien que quelqu'un s'occupe de ce sujet qui va devenir important, et comme ça enquiquine tout le monde, ce sera vous." J'étais contente, j'avais enfin un dossier à moi. Et c'est en travaillant le sujet, en rencontrant des associations, en étudiant les dossiers, que je me suis forgé mes convictions. » En se battant, et en affrontant ensuite, sans état d'âme, un certain nombre de déconvenues…

Son éloge de la compétition, Chantal Jouanno tient toutefois à le modérer. Elle en juge l'esprit complètement dévoyé dans certains sports. « Voire détestable, contraire à tout ce que j'ai porté, par exemple dans le football, où le spectacle a pris le pas sur la compétition. » Elle soutiendra toujours les sportifs qui concourent aux JO, mais constate que le Comité international olympique, aujourd'hui, est fort éloigné des idéaux affichés dans sa charte.

Chantal Jouanno revoit régulièrement son maître à l'occasion de championnats, compétitions ou inaugurations. « Signavong Deth est toujours svelte, agréable, courtois – "Je suis content de vous revoir" –, mais rien d'autre, pas la moindre petite part d'intimité, la vie privée des Laotiens ne regarde qu'eux-mêmes. » Là encore, on se dit que l'élève, à rebours d'un personnel politique qui s'expose à tout va, a bien retenu la leçon du maître...

Miroslav Radman

Changer la vie, et pas seulement la sienne, il en rêve ! Dans un ouvrage qui a fait sensation en 2011 (*Au-delà de nos limites biologiques*, Plon), Miroslav Radman nous demande d'imaginer « l'évolution culturelle d'une société d'hommes et de femmes de cent ou cent cinquante ans, jeunes physiquement et mentalement, avec une expérience de la vie et une expérience professionnelle immenses ». Et il fait mine de s'interroger : « Seraient-ils des freins, en conservant les traditions ou, grâce à leur expérience, des accélérateurs des arts, des sciences et de l'aptitude à vivre ensemble ? »

Explorateur des mécanismes de réparation de l'ADN, membre de l'Académie des sciences, grand prix Inserm de la recherche médicale, multiprimé, personnage enthousiaste, chaleureux, séducteur, le biologiste croate qui rêve d'allonger la vie estime « ne pas être un scientifique dans le sens standard », même s'il s'empresse d'ajouter : « Personne n'est standard… » Non, il serait plutôt « un artiste qui s'exprime par la science », un homme qui ne chercherait pas seulement dans son travail l'utilité ou la vérité, mais la beauté : « Je ne sais pas d'où m'est venue cette quête. La beauté était certes omniprésente sur l'île dalmate où j'ai grandi, mais qu'est-ce qu'un enfant peut savoir de la beauté, il n'a pas de comparaison, non ? » Alors Miroslav Radman précise : « J'entends par *beauté* l'harmonie des relations humaines, et la nouveauté. Je suis sûr que l'ennui pourrait me tuer. Mes proches paient un peu cher cette petite folie… »

C'est la curiosité qui l'a poussé, lui, le fils de pêcheurs analphabètes, à recopier dès l'âge de trois ans les noms des barques qui rentraient au port. La curiosité encore qui a orienté le bon élève vers la biologie marine, parce qu'il adorait plonger, et se rêvait explorateur sur le bateau de l'Institut d'océanographie et de biologie marine de Split. « C'était en 1962, et au moment où je commençais mes cours de biologie, en octobre, Watson et Crick obtenaient le prix Nobel de médecine pour la structure de l'ADN et Perutz le prix Nobel de chimie pour la structure des protéines. Tout ce que j'avais appris jusque-là, c'était de la biologie descriptive. Et voilà qu'on pouvait faire de la biologie à partir des molécules ! Cela m'a passionné. Un an plus tard, je n'étais plus sûr de vouloir retourner sur la côte… »

Évidemment, la vie d'un individu animé par la curiosité et l'esprit de découverte ne peut se réduire à une seule rencontre, ni même à un seul maître. Pourtant, Miroslav Radman en est certain, un homme a compté plus que nul autre dans sa vie, un très grand intellectuel et un immense scientifique qui, « s'il vivait aujourd'hui à Paris, aurait la notoriété d'un Michel Serres ou d'un Edgar Morin » : le physicien Ivan Supek, un géant au visage sculptural, sorte de Marlon Brando des Balkans. Né en 1915 à Zagreb, il avait étudié en Allemagne et en Suisse. Juste avant la Seconde Guerre mondiale, il avait obtenu, à vingt-quatre ans, deux doctorats, un en physique avec Werner Heisenberg, le fondateur de la mécanique quantique, et un en philosophie avec Martin Heidegger ! « Son doctorat de physique portait sur l'élaboration théorique de la supraconductivité. On était à l'aube des semi-conducteurs. » Ami du grand philosophe engagé Bertrand Russell, Ivan Supek fut avec lui et Einstein un des fondateurs en 1955 du mouvement Pugwash des scientifiques pour le désarmement.

Deux ans plus tôt, le régime de Tito, qui a rompu avec Staline, a permis la création à Zagreb d'un institut scientifique interdisciplinaire dont on lui a confié la responsabilité, et qui rayonne dans toute la Yougoslavie. « Il faut imaginer la puissance du soutien à la recherche, aux arts et aux sports dans le système communiste. En URSS, les dizaines de milliers de personnes qui travaillaient dans ces secteurs avaient tous les privilèges. En Yougoslavie, ce n'était pas aussi flagrant, mais Ivan Supek a quand même pu créer un institut composé de mille personnes. » Le jeune Miroslav Radman le rejoignit en 1963 : « À la suite d'une conférence publique qu'il donnait à Zagreb sur le danger de la dissémination nucléaire, j'étais resté pour lui parler. Et c'est ainsi, alors que j'étais étudiant en biologie, que je me suis inscrit à ses deux cours : celui de physique théorique et celui sur la philosophie de la science, car il avait aussi fondé un Institut pour la philosophie de la science et la recherche de la paix. C'était le siège du mouvement Pugwash. »

Miroslav Radman n'avait que dix-neuf ans ! « Je me suis retrouvé dans le groupe d'intellectuels qu'Ivan Supek avait rassemblés, une centaine des plus grands spécialistes de toute la Yougoslavie, en mathématiques, physique, chimie mais aussi en politique, culture... » L'expérience ne s'arrêtait pas là : « Il avait lancé une revue, *Encyclopedia moderna*, pour la synthèse des sciences, des arts et des pratiques sociales. Cela tenait du club. Chaque jour, entre 11 heures et 14-15 heures, on passait pour discuter, boire une bière ou un café – c'était une usine à café ! Et puis nous avions des réunions éditoriales, conceptuelles, graphiques. Cette revue, mensuelle, en serbo-croate et en anglais, était d'une originalité folle, je m'en rends compte aujourd'hui. J'écrivais par exemple sur la rencontre de la biologie avec la physique et l'informatique. J'étais le plus jeune de ce groupe, entouré des plus grands mathématiciens, physiciens, chimistes, tous là autour d'Ivan Supek, un homme de deux mètres de haut, vraiment impressionnant, une star ! »

Le jeune Miroslav Radman admirait particulièrement le passé de son maître, pendant la guerre : « De retour de Leipzig où il étudiait, il avait, avant d'entrer en Yougoslavie, été arrêté par la Gestapo, car il était membre du Parti communiste international. C'est le physicien Weizsäcker, dont l'oncle était un proche de Hitler, qui l'avait sauvé des camps. Car Ivan Supek pouvait être important pour l'Allemagne aussi... » Après guerre, le physicien croate, pacifiste et inquiet des risques qui continuent de peser sur la paix en Europe, se retrouve dans une Yougoslavie désireuse d'acquérir la bombe atomique pour faire face à Staline. Tito crée un Institut des sciences nucléaires à Vinča, près de Belgrade, et deux autres à Zagreb et Ljubljana.

« Je n'ai jamais entendu Ivan Supek élever la voix, se souvient Miroslav Radman, sauf autour des questions de la paix et de la guerre. Il était obsédé par le fait que, quand il y a la guerre, c'est fini l'art, fini l'ADN, fini les mathématiques, c'est la tuerie ! » Pour le reste, ajoute le biologiste, « il détestait les charlatans, ceux qui vendent du brouillard, il les évitait. Et il avait l'art de ne pas s'embrouiller dans les détails avant que le concept ne soit clair ». Un enseignement que Miroslav Radman a retenu : « Beaucoup de gens, surtout en médecine, s'acharnent à vouloir connaître des détails qu'ils ne comprennent pas. Et ils disent "c'est compliqué", alors qu'ils devraient dire "je ne comprends pas". En sciences, ce qu'on ne comprend pas encore est parfois très simple ! » Miroslav Radman dit encore de Supek qu'il « avait l'art de maintenir en vie les choses essentielles, avec un sentiment animal pour la qualité ». Et il ajoute avoir retenu de lui cette faculté de « parler avec les paysans et les pêcheurs sans baisser le niveau de son discours ».

Pendant deux ans et demi, entre 1963 et 1965, le jeune étudiant en biologie voit le grand physicien chaque jour, entre midi et quatorze heures : « Il était toujours là, à prendre des cafés ; l'après-midi, il allait jouer au tennis. Il était en grande forme et a vécu jusqu'à quatre-vingt-quinze ans... » Grâce au rayonnement mondial de son maître, le jeune Miroslav côtoie à Zagreb les plus grands, et se retrouve un jour, à vingt ans, face au physicien Werner Heisenberg en personne ! « L'interdisciplinarité, pour Ivan Supek, n'était pas une posture. Il pouvait parler de façon synthétique des liens entre les arts et les sciences. La biologie aussi l'intéressait beaucoup, il voulait que je rejoigne l'institut comme biologiste. Mais il me disait : "Avant de philosopher sur la biologie, allez en faire !" C'est pour cela que je me suis retrouvé à Bruxelles. Il connaissait tout le monde, c'était facile pour lui de téléphoner et de dire : "J'ai ici un jeune garçon, fils d'un pêcheur, qui ne me paraît pas idiot, pouvez-vous le prendre ?" » De lien en lien, Miroslav Radman deviendra le premier boursier d'EMBO, l'Académie européenne de biologie moléculaire, où il passera son doctorat, avant de rejoindre Harvard...

« C'est grâce à cette rencontre avec Ivan Supek que les portes se sont ouvertes devant moi. Dans la vie, la chance compte davantage que le mérite. D'accord, on peut démériter, faire une connerie, et les portes se ferment. Mais pour qu'elles s'ouvrent, il faut d'abord de la chance. J'ai eu celle de rencontrer un géant intellectuel, qui parlait du principe d'incertitude et de l'équation de Schrödinger en même temps qu'il préparait un drame théâtral sur l'énergie atomique, et qu'il jouait du piano... »

Une fois hors de la petite Yougoslavie, Miroslav Radman prend conscience de ce qu'il doit au grand patron yougoslave de l'interdisciplinarité : « Ces liens entre la science, les arts, la politique, surtout la politique, j'ai essayé de les oublier pendant des années en faisant des manipulations en labo. Mais finalement, au moment où je lève la tête, ouvre le journal, regarde la télévision, pense à la vie de mes enfants, je ne me sens pas amateur et n'ai pas de complexe à réfléchir aux questions du monde parce que, tout jeune, dans mes années de formation, j'ai nagé dans la soupe interdisciplinaire ! »

Difficile, il est vrai, dans la Yougoslavie de Tito, d'être un scientifique désengagé : « Notre revue, *Encyclopedia moderna* – j'étais membre de son comité éditorial –, prenait position en faveur du non-alignement, le refus à la fois du bloc soviétique et de l'Otan. Mais on s'engageait surtout en politique intérieure, on se battait pour un printemps serbe, un printemps croate, un printemps slovène, on plaidait pour la liberté des idées, la diversité de la création. On n'était pas seuls, puisqu'il y avait aussi, entre Dubrovnik et Split, l'école de philosophie de Korčula avec la revue *Praxis*. Le top mondial de la pensée de gauche, d'Herbert Marcuse à Henri Lefebvre, s'y est donné rendez-vous pendant des décennies. L'institut d'Ivan Supek et Korčula ont vraiment mis la Yougoslavie au centre de l'Europe à cette époque-là. Avec les idées d'autogestion, on avait conscience d'être un modèle possible pour le monde. »

Pour Miroslav Radman, Ivan Supek a été *la* rencontre heureuse, certes, mais c'est le système yougoslave qui l'a rendue possible : « Mon frère aussi a fait de bonnes études. Et je ne vois aucune chance, ailleurs que dans le socialisme de Tito, pour que deux frères issus d'un petit village de pêcheurs dont la moitié ne savaient ni lire ni écrire se retrouvent un jour à Harvard… » Certes, ajoute Miroslav Radman, « mon père était une intelligence à l'état naturel, il était un formidable pêcheur et aurait fait un grand mathématicien, plus rapide que moi en calcul mental. Loin d'être impressionné lorsque j'ai eu mon doctorat – "Mon fils docteur en science" –, il m'a dit : "Ceux qui t'ont donné ce titre de docteur sont encore plus fous que toi" ».

Mais, pour dépasser le complexe provincial d'être issu de « ce terrible trou de Croatie » et, pire encore, d'un petit village sans électricité ni radio, il fallait « cette rencontre avec Ivan Supek, qui voyageait, participait à des congrès, côtoyait des stars de la science. Grâce à son club, et cette énorme consommation de café, j'ai pu constater à mon arrivée à Bruxelles que mes connaissances étaient bien supérieures à celles des autres étudiants ». Encore fallait-il que le physicien l'ait poussé à quitter cette province « très belle, fantastique, mais à la créativité fermée ». Ivan Supek a encouragé son étudiant à partir, « et heureusement, car j'avais commencé à mâcher la même matière, à philosopher sur le travail des autres, en me demandant si j'étais moi-même capable de créer... »

Miroslav Radman a souvent revu Ivan Supek : « J'allais lui rendre visite. Il était président de l'Académie des sciences et des arts, et j'étais fier que ce soit lui qui m'y ait fait élire en 1990. » 1990 ? L'année où la population croate se prononçait pour l'indépendance... « L'éclatement de la Yougoslavie, pour Ivan Supek comme pour sa génération, a été terrible. C'est une génération qui avait fait la guerre contre les Italiens, les Allemands, les collabos serbes, les oustachis croates, et toutes ces batailles avaient abouti à faire quand même un pays significatif, fier, surtout fier. La Yougoslavie était un pays où tout le monde chantait, dans les trains, sur les bateaux, où on se battait pour payer la tournée de café, oui, on se battait pour payer, une vraie gesticulation de la générosité ! Et tout s'est écroulé si vite ! Les nationalistes ont gagné, ont tout privatisé, c'est-à-dire ont tout volé. »

Ivan Supek était un homme cosmopolite, polyglotte, pacifiste, conclut « Miro », ainsi que l'appellent ses proches. Le grand physicien allait passer les dernières années de sa longue vie – il est mort en 2007 – dans l'opposition au président nationaliste Franjo Tudjman. Sur le tard, Supek exprimait de profonds doutes envers la politique, et écrivait en 1995 : « Toutes les organisations européennes et mondiales ne sont d'aucune utilité si elles ne sont pas portées par une conscience et un esprit universel nourris par la science et l'art. » Miroslav Radman, « l'artiste qui s'exprime par la science », l'a bien entendu.

Agnès Desarthe

C'est une vérité qui n'est pas forcément bonne à dire aux écoliers : on peut devenir écrivain tout en ayant clamé haut et fort pendant toute sa scolarité : « Moi, je n'aime pas lire. » On peut même devenir un des écrivains préférés des enfants, puis des adolescents, et confesser ensuite dans un livre sulfureux n'avoir quasiment rien lu jusqu'au baccalauréat… *Comment j'ai appris à lire,* petit pavé qu'Agnès Desarthe lança dans la mare au printemps 2013, n'a pas fini de faire des remous : « Je l'ai écrit en pensant à ces enfants qui, comme ça a été le cas pour moi, résistent, ou sentent que la lecture leur résiste. C'est un monde qu'ils n'arrivent pas à pénétrer, et ça peut être long, douloureux, les poursuivre des années, jusqu'à l'âge adulte. »

Il ne s'agit pas de prendre ce titre, *Comment j'ai appris à lire,* au sens littéral, ni d'attendre de son livre des recettes d'apprentissage, prévient Agnès Desarthe. Ce n'est pas le déchiffrage qui lui a posé problème. « Le premier jour d'école, on me montre les lettres, on associe une consonne à une voyelle en disant “ça fait tel son”, et je constate que je sais lire. Aucun effort, je n'ai pas eu le sentiment d'apprendre quelque chose. » L'explication ? « Tout ce qui était sonore a toujours été très présent chez moi, on avait de l'oreille dans la famille, dès qu'il y avait un apprentissage, cela passait par l'oreille. »

Rappelons que la petite Agnès s'appelle alors... Naouri : « Mais mon père n'était pas encore célèbre ! Je le précise souvent et les gens ne l'entendent pas. Je n'étais pas "la fille du pédiatre Aldo Naouri". L'homme qui m'élevait était un médecin, le fait qu'il soit pédiatre ne comptait pas pour moi, ce qui m'impressionnait était qu'il connaissait le corps et son fonctionnement, il savait identifier les maladies, et donc pouvait sauver des gens... »

Ainsi, la jeune Agnès a appris à déchiffrer grâce à son oreille. Et à écrire ? Agnès Naouri regardait son frère, deux ans et demi plus âgé qu'elle : « Je recopiais ce qu'il écrivait, c'était de la calligraphie, il n'y avait pas de sens, je faisais des lettres, ça me paraissait être une activité suffisante. » Envisager la lecture comme de la musique, et l'écriture comme du dessin, tout cela ne mène évidemment pas au livre... D'autant qu'en maternelle, la petite Agnès tombe sur une institutrice, « ma première Mme B. », une certaine Mme Bessis (devenue très vite Mme B6 « parce que c'était mon genre, les lettres et les chiffres »), qui ne mettait pas la lecture au centre de son enseignement : « Avec elle je dessinais beaucoup, elle encourageait la créativité, le libre choix. Je voulais dessiner au lieu d'aller en récréation ? C'était possible. J'ai le souvenir d'avoir été constamment stimulée artistiquement. Peinture à l'encre, travail du plâtre, porcelaine. » L'école existe toujours, elle s'appelle la Cité dorée, à deux pas de la rue Jeanne-d'Arc, dans le 13e arrondissement de Paris, « une maison comme en dessinent les enfants, avec un toit pointu rouge, au milieu d'un jardin, on avait un potager, on plantait des graines et on récoltait des radis ».

La jeune Agnès n'appréciait pas seulement sa maîtresse pour le plâtre et les radis, mais parce qu'elle était... belle : « J'aimais son visage, elle était jeune, très souvent en short, avec de belles jambes bronzées. Elle nous faisait faire beaucoup de sport, et elle disait : "Dites à vos mères de ne pas vous mettre d'eau de Cologne dans les cheveux, laissez vos cheveux avoir une odeur naturelle." » Agnès Naouri était alors une fille heureuse : « J'aimais l'école plus que tout, le tableau, la craie, les cahiers. » Et elle aimait être séduite : « Mais attention, pas n'importe quelle séduction ! Je crois avoir toujours su faire la différence entre les profs qui ne cherchent à séduire qu'au bénéfice de leur narcissisme et ceux qui vous séduisent pour vous emmener vers la connaissance. En début d'année, la laideur d'une de mes profs m'avait frappée, je me disais, ça ne doit pas être facile de vivre avec ce visage. Et elle fut une enseignante tellement merveilleuse qu'à la fin de l'année je la trouvais belle. Elle m'avait séduite par sa voix, son discours, sa manière d'être. »

Seulement, voilà, les années passent. La jeune Agnès est « extraordinairement ambitieuse ». Elle n'a aucun doute sur son talent, son « génie » même, et considère toujours que lire... « prend trop de temps ». Nul besoin de découvrir Balzac, Flaubert, Zola, Stendhal, Sartre, Proust, Nizan, puisqu'un jour... elle sera l'un d'eux. Section littéraire, baccalauréat littéraire, hypokhâgne au lycée Henri-IV, toujours pas de lecture. Arrive l'année de khâgne, miraculeusement, au lycée Fénelon. Le choc. Le déclic. L'entrée en scène de Mme Barbéris est décrite à la page 98 de *Comment j'ai appris à lire* : « Elle entre dans la salle, blonde, les yeux bleus, nez court en trompette façon *Ma sorcière bien-aimée*, blouson de cuir, minijupe. Elle pose un quart de fesse sur le bureau et parle. Je l'aime aussitôt. »

Enfin, rectifie aujourd'hui Agnès Desarthe, « je ne sais pas si je l'aime, mais je la remarque ». Elle n'est pas la seule : « À chaque fois que je parle avec un ancien élève de Fénelon : "Ah tu étais en khâgne avec Mme Barbéris ! Oh, la jupe en cuir..." » Toute l'année, la jupe ? « Oui, parfois la rouge, parfois la noire. » Agnès Desarthe estime que sa prof devait avoir la trentaine, peut-être moins, car « quand on a dix-huit ans, les gens nous paraissent plus vieux qu'ils ne le sont ». Bon, elle était jeune et, surtout, « elle avait un corps. C'était important. Parce que beaucoup de profs, beaucoup d'intellectuels, on doute qu'ils aient un corps. Ils en ont peut-être un, mais c'est leur corps secret. Ils préfèrent être de purs esprits parce que leur corps est une question trop compliquée. Son corps à elle était là, avec nous. Il participait, et ça mettait de l'énergie et de la joie dans la salle ».

Une énergie et une joie d'autant plus appréciables que la littérature, en khâgne, c'est une dizaine d'heures de cours par semaine. Avec Mme Barbéris, Agnès Naouri « entre » instantanément en littérature. Pas qu'une histoire de jupe en cuir, avant tout une histoire de méthode :

« Elle montrait l'écrivain au travail et cela m'emballait ! » Avec Mme Barbéris, Agnès Naouri découvre un Flaubert peinant sur *Madame Bovary*, s'y reprenant à mille fois, réfléchissant, fabriquant un objet très façonné, « un écrivain chez qui la rature était presque plus présente que le texte ». Bizarrement, tout à sa mémoire visuelle – un visage, un corps, une jupe rouge –, l'élève dit ne plus savoir en quoi consistaient les cours de Mme Barbéris : « Je me souviens seulement qu'elle nous permettait de comprendre. L'image qui me vient, c'est un écarteur de cerveau. Elle nous parlait, et notre boîte crânienne s'ouvrait, on était soudain aptes à enregistrer, à analyser. Elle était comprise et suivie. J'avais l'impression d'être hantée par un fantôme positif. Elle pensait dans ma tête. »

Et comme sa prof avait forcément beaucoup lu, Agnès Naouri s'est mise à la lecture, et à l'étude des œuvres littéraires : « Je crois beaucoup à l'enseignement par imitation, on accomplit un geste, qu'il soit intellectuel ou physique, en regardant le maître, on fait comme lui, puis on sait le faire tout seul, et chacun le fait à sa manière. » Une conception pas vraiment dans l'air du temps : « Je sais que c'est contesté, l'imitation, comme pédagogie. D'ailleurs, je ne dirais pas que c'était sa méthode, c'est juste comme cela que je l'ai vécu. Aujourd'hui, tout doit venir de l'élève, il doit être “à l'origine”. Cet enseignement très participatif, je ne suis pas contre dans une situation normale, mais quand le maître est extraordinaire, l'imitation a vraiment des vertus ! Si vous dansez avec un très bon danseur, même si vous ne savez pas bien danser, vous dansez vraiment mieux.

Eh bien, étudier la littérature avec elle, c'était comme danser avec une championne du monde de tango. »

Il y a un bénéfice énorme à commencer par imiter, poursuit Agnès Desarthe, mais à condition d'être dans cette disposition d'esprit. Aux élèves de prépa littéraire avançant dans la vie avec leurs certitudes déjà forgées – « Moi, j'ai ma façon de penser, ma vision, mon opinion, ma méthode ! » –, Agnès Desarthe opposait son avantage : « J'arrivais vierge, je savais que je ne savais rien ! » De toute façon, ajoute-t-elle, « tout le monde trouvait son compte dans la manière d'enseigner de Mme Barbéris, elle n'attendait pas de nous qu'on soit ses rejetons. Ce n'était pas du tout quelqu'un d'écrasant ».

Avec sa prof à la jupe de cuir, Agnès Desarthe accomplit sa « révolution structuraliste », comme elle l'explique dans son livre, elle se plonge dans la « délicieuse langue textuelle », se réjouit du triomphe de la forme sur la psychologie, entrevoit « une utopie de la lecture dans laquelle il n'est plus question d'origine et de culture ». Avec Mme Barbéris, le structuralisme « avait de la chair. J'en ai un souvenir complètement illuminé, comme un chou à la crème, un truc fondant, délicieux, qui crée du lien, du sens, apporte du réconfort ». On était à la fin des années 1970, l'essor du structuralisme en tant que théorie était passé : « Il n'y avait pas de recommandations aux professeurs sur la manière d'enseigner les œuvres au programme. Mais quand vous préparez des élèves à un concours, que vous connaissez les membres du jury, vous savez ce qu'ils aiment, vous n'allez pas leur servir le contraire. Ce n'était pas son genre de nous envoyer au casse-pipe… » Agnès

Desarthe ajoute dans un éclat de rire : « En même temps, comment ne pas choisir le structuralisme ! »

Elle admet que les étudiants les plus « avancés » pouvaient avoir l'impression de régresser dans leur amour des textes, et rechignaient à effectuer une plongée dans le paratexte et la transtextualité. Mais, ajoute-t-elle, même eux trouvaient dans l'enseignement de Mme Barbéris « un plaisir du texte vivifié par son analyse, justement parce que les outils structuralistes n'étaient pas les seuls de son attirail ». Agnès Desarthe considère que ces outils ont ouvert son « coffre-fort », mais elle y ajoute une touche lyrique : « La transcendance, même si on ne l'appelait pas comme ça, était dans la salle quand on travaillait les textes – c'est-à-dire l'art, l'insaisissable, l'étrange, ce qui peut difficilement être nommé… »

Le résultat de cet enseignement ? Après avoir à l'automne dernier lu *Comment j'ai appris à lire*, la sœur d'Agnès Desarthe lui dit détenir une « pièce à conviction ». Et elle lui apporte une de ses vieilles copies de khâgne, sur *Madame Bovary*, qu'elle lui avait à l'époque demandée et qu'elle avait conservée. « J'ai été ébahie en la lisant ! Parce que franchement je n'étais pas très maligne à dix-huit ans, j'étais enthousiaste, mais peu cultivée, brouillon, pas du tout formée intellectuellement, et je relis cette dissert… Je sais très bien qui écrit à travers moi : c'est elle ! Quand je parle d'imitation, c'est à la fois dans le côté ludique et rigoureux, réunir les indices, les relier, et grâce à ce faisceau d'indices, arriver à la case suivante qui elle-même déploie un autre faisceau… Il y avait une vraie joie de la méthode ! »

Intarissable et dithyrambique sur l'enseignement de Mme Barbéris, et reconnaissante envers sa première « Mme B. » de l'école primaire, Agnès Desarthe livre à rebours un réquisitoire féroce contre le système scolaire français : « Compétitif, répressif ! On va dans le mur ! On va détester aller à l'école. Et cela s'aggrave : ce livret scolaire dès la maternelle, c'est absurde. Cela peut figer l'enfant dans une posture de mauvais élève : "n'accomplit pas, n'est pas capable, est différent". Quelle aberration ! » Elle dit s'être faufilée dans un système à son époque moins autoritaire : « On séchait les cours, on imitait la signature de nos parents, on pouvait aller et venir, sortir du collège. Là, dès qu'un élève est absent, coup de téléphone quand ce n'est pas texto du collège ! » Tout juste Agnès Desarthe admet-elle que la pédagogie dont elle rêve demande du temps et « de l'énergie joyeuse qu'il n'est pas facile d'avoir dans les conditions d'enseignement qu'on accorde à cette profession déconsidérée ».

Le modèle du pédagogue pour Agnès Desarthe est un… Polonais, le pédiatre Janusz Korczak, mort à Auschwitz : « C'est pour moi le plus grand, il est unique ! Sa vision de l'enseignement est justement à l'opposé du modèle français hiérarchique et répressif. Un professeur, estime Korczak, doit avoir une grande faculté d'autocritique, fondée sur l'observation de l'élève. Si un élève échoue, c'est qu'un enseignement n'a pas été compris, que la méthode n'était pas la bonne. »

Et le regard de Mme Barbéris sur Agnès Naouri ? « Je l'ai revue, elle se souvenait de moi. Pourquoi ? Peut-être parce que j'étais une grande gueule, que je portais des fleurs rouges dans les cheveux. Elle devait penser, quand elle lisait mes dissertations, que j'avais une plume facile, "cette élève a quelque chose", même si ce n'était pas grand-chose. Il n'y a jamais eu aucune fausse modestie dans son attitude, elle savait qu'elle était une excellente prof. Mais je pense que l'impact qu'elle a pu avoir sur nous, et en l'occurrence sur moi, la dépasse. Ce qui est sûr, c'est qu'elle accordait du crédit à tous ses élèves. »

Et qu'avec elle, un *groupe* était né. « Je parle beaucoup avec les enseignants parce que c'est une des professions les plus importantes et les moins reconnues qui soient. Et je les entends souvent dire : "La classe que j'avais cette année, ça, c'était un groupe !" Ils ne savent pas pourquoi, quelque chose s'est passé dans le rapport de l'individu au groupe. Un prof de mon fils parvenait à trouver une qualité très spécifique à chacun de ses élèves, il les appelait par cette qualité-là, par exemple "toi qui as toujours réponse aux questions que personne n'ose jamais poser". Il arrivait à faire briller chacun dans le groupe. Pour moi, c'est de la grande pédagogie. »

Cette année-là, Agnès Desarthe a, par la lecture, brillé au sein du groupe. Sa vie en a été véritablement bouleversée : « Je serais peut-être devenue écrivain sans avoir lu, mais pas le même écrivain. Écrivain sans avoir lu, ce n'est pas souhaitable… » Surtout, estime Agnès Desarthe, Mme Barbéris ne lui a pas seulement appris à lire, « elle a raccommodé un lien qui avait été mal cousu, ou pas cousu du tout, entre moi et la littérature. Vu le destin que j'ai adopté, c'était essentiel. Par la lecture, j'ai réussi à dépasser certains conflits intérieurs très forts, cela a donc changé ma vie ».

Apprendre à penser, « car quand on sait penser la littérature, on peut penser tout ». Faire confiance à l'analyse, et ne plus être dans le « j'aime, j'aime pas »... Telle est la dette que reconnaît Agnès Desarthe : « J'étais entière, arrogante. Être arrogante à dix-huit ans, ça donne une certaine force, une énergie positive. Mais l'arrogance, ça vieillit mal, ce n'est pas enrichissant. La chute de l'arrogance vient avec la confiance en un outil à portée de main : le cerveau. Avec Mme Barbéris, je découvrais qu'un cerveau peut beaucoup de choses. Que l'utiliser est agréable, quel que soit l'objet auquel il se consacre. Durant cette année de khâgne, nous avons étudié *Madame Bovary*, que j'adorais, *Nadja*, et je ne me souviens pas de la troisième. Mais je sais que j'ai apprécié toutes ces œuvres. J'ai découvert que la joie de l'analyse ne dépendait pas de l'objet. Mais du regard. Donc, Mme Barbéris a changé ma façon de lire les livres, mais aussi d'aller dans un musée, de regarder des tableaux, de discuter avec les gens... Elle a changé mon regard sur le monde. »

Nicolas Hulot

« J'ai détesté l'école. » Ce sont ses premiers mots. Nicolas Hulot ne prend pas de gants. À peine installé au bar de l'hôtel Émeraude, à Dinard, à quelques encablures de Saint-Lunaire, sa tanière bretonne, il entame son réquisitoire : « J'avais l'impression de perdre mon temps, je trouvais ça interminable, je m'ennuyais, je n'étais pas un mauvais élève et encore moins un bon, j'étais transparent. » Nicolas Hulot ne parle pas de n'importe quelle école : Saint-Jean-de-Passy, le sanctuaire de la haute bourgeoisie catholique parisienne, « quand on remonte la rue Raynouard, le bâtiment à droite, bleu et blanc ». La famille de Nicolas – bourgeoise-bohème avant l'heure – n'arrangeait pas les choses : « La plupart du temps, ma mère nous déposait en retard, je me faisais engueuler par le préfet. » Préfet, c'est ainsi que l'on parle, à Saint-Jean-de-Passy. « Cette école était une aliénation, une privation de liberté. Je ne voyais pas l'intérêt de ce que j'apprenais. »

Et d'ailleurs, ajoute-t-il, « le peu que j'ai appris pendant ces années-là ne me sert pas au quotidien. Lire, écrire, compter, d'accord, je le dois à l'école. Mais les connaissances, le substrat, c'est venu après. Ce que je sais en géographie ou en histoire, je l'ai acquis par la suite. Une fois adulte, j'ai découvert avec amour Victor Hugo, alors qu'on me forçait adolescent à lire *Ruy Blas,* qui n'est pas forcément la meilleure porte d'entrée pour Hugo... » Aucun professeur d'école n'a donc changé la vie du jeune Hulot, qui garde le vague souvenir d'une Mme Buisson, en classe de septième, « la seule pour laquelle j'ai eu de l'affection, et qui me le rendait bien ». Aucun souvenir précis, mais un moment de scolarité « plutôt doux, agréable, elle parvenait à nous faire rêver ».

Ce qui a changé la vie de Nicolas Hulot est une tragédie absolue, évoquée dès les premières pages de ses Mémoires de baroudeur, *Les Chemins de traverse* (JCLattès, 1989), écrits à trente-trois ans. Un soir de Noël, le 24 décembre 1974, « parce qu'il manquait une chaise pour le réveillon », Nicolas, dix-neuf ans, descend dans la cave de l'appartement maternel et y découvre le corps de son frère, Gonzague, qui avait annoncé trois mois plus tôt son départ pour un tour du monde et que la famille Hulot croyait à Tahiti : « Cette nuit de Noël, j'ai entendu le message de Gonzague, "La vie ne vaut pas la peine d'être vécue", en le retournant complètement. Il fallait que la vie vaille la peine d'être vécue. »

Il fallait... Tout Nicolas Hulot est dans ce volontarisme. On connaît la suite, faite de voyages et de barouds : « Quand j'ai le vertige, je m'approche du vide, écrit Nicolas Hulot. Parce que c'est le moyen de me contraindre à ne pas céder à mes faiblesses. » Mais les engagements l'ont emporté sur les barouds parce que, dit-il, « j'ai fait en sorte que chaque instant de ma vie ait un sens ».

Un jour, l'école a pris fin : « J'ai eu juste ce qu'il fallait pour avoir mon bac. Les sciences naturelles m'ont sauvé. » Le baccalauréat ponctue une terminale « passée à déconner ». Car Nicolas Hulot, toujours si grave en public, confie avoir besoin de rire toutes les heures, « peut-être à cause de l'angoisse ». Et, ajoute-t-il, c'était encore plus vrai dans cet établissement « où rire était presque une vulgarité ».

L'école n'est pas seule à avoir peu transmis au jeune Hulot, qui se souvient d'une mère « trop occupée à travailler ». De grands-parents morts trop tôt – « j'avais deux ans à la mort de mon grand-père, l'excentrique qui a inspiré Jacques Tati ». D'un père enfin, qui quitte le foyer quand Nicolas a quatorze ans, et meurt peu après : « Il avait créé une jardinerie, son dernier métier. À Saint-Lunaire, je peux aller trois fois par jour dans mon jardin sentir la même rose... »

À dix-huit ans, fini les études, c'est Hulot les p'tits boulots ! Plagiste, moniteur improbable de dériveur, serveur, puis photoreporter autodidacte, pour l'agence Sipa, jusqu'au bout du monde. C'est le début de l'aventure planétaire, vingt-cinq ans d'*Ushuaïa*, et vingt-quatre d'une Fondation Hulot venue se superposer avant de s'imposer : « Mon disque dur, je me le suis construit moi-même. » Pourtant, Nicolas Hulot reconnaît ses « dettes ». Lui le cancre s'est fait son petit panthéon, de rencontre en rencontre. Il place très haut Nelson Mandela, dont il contemplait la prison au large du Cap lors de ses premiers reportages en Afrique du Sud, et qu'il a approché plus tard après être devenu conseiller de Jacques Chirac : « Le président m'a organisé deux rendez-vous surprises lors de voyages officiels. Un jour, on m'a ouvert une porte, je me suis retrouvé face à Mandela. Les premières minutes, j'étais incapable de parler, les mots ne sortaient pas. J'étais captivé par ses yeux qui trahissent son authenticité. » Nicolas Hulot dit être fasciné par « la capacité qu'a eue Mandela de transformer la souffrance en intelligence et en générosité. Qu'un homme privé de sa liberté pendant vingt-sept ans ait été capable, à peine élu président, d'inviter à déjeuner le procureur qui avait requis contre lui la peine de mort, pour dialoguer et comprendre, est pour moi inconcevable. Je me sens tellement loin de cela ! Son discours d'investiture était d'un souffle, d'une puissance... »

Le souffle, la puissance... Nicolas Hulot évoque l'autre grand reclus, Victor Hugo, que l'école n'a pas su lui rendre accessible : « Je le relis en permanence. J'aime le personnage public qui fuit une dictature, qui accepte des années d'exil avant de finir en père de la nation. » Nicolas Hulot rappelle que la fameuse phrase qu'il avait soufflée à Chirac pour le Sommet de la Terre de Johannesburg en 2002 – « Notre maison brûle et nous regardons ailleurs » – lui a été inspirée par Hugo : « La nature nous parle mais nous ne l'écoutons pas. » Il s'est rendu plusieurs fois à Guernesey pour recueillir, dans le jardin d'Hugo, les glands du grand chêne des États-Unis d'Europe : « Je ne suis pas parvenu à les faire germer ! J'aimerais pourtant avoir dans mon jardin un petit du chêne d'Hugo. » À défaut, il a dépensé une fortune pour acquérir chez un bouquiniste une lettre qu'Hugo avait écrite à un autre proscrit... Puis il récite sa tirade favorite : « Il faut libérer l'homme de son tyran. Quel tyran ? La pesanteur. Ouvrons la vieille cage des siècles. C'est la mise en liberté du genre humain, l'homme devient oiseau, mais quel oiseau ? L'oiseau qui pense, l'aigle plus l'âme. » Le Nicolas Hulot des années deltaplane qui glissait entre les nuages jubile...

Mais *le* maître, dans le panthéon de Nicolas Hulot, est celui justement qui lui a fait oublier les années deltaplane ! Nous sommes en 1989. Nicolas est devenu « Hulot-*Ushuaïa*-TF1 », l'aventurier numéro un dans le cœur des Français, forcément mal vu par les élites. Pas facile, donc, de lancer une fondation environnementale : « Chacun était en droit de mettre en cause ma sincérité puisque je n'avais rien fait jusque-là pour l'environnement. Une personne m'a immédiatement fait confiance, c'est Théodore Monod. » Le grand explorateur du Sahara a quatre-vingts ans, il accepte de figurer au conseil d'administration de la Fondation Hulot, et n'en ratera pas une séance. « Que pouvait escompter ce savant en accompagnant la démarche d'un hurluberlu qui faisait des pirouettes sur la planète, image caricaturale que j'avais à l'époque ? »

Nicolas Hulot a rencontré Théodore Monod, « comme tout le monde », d'abord par ses livres et les images de ses expéditions. Mais il a surtout eu la « chance incroyable » de vivre ensuite avec le scientifique, pour le tournage d'une émission, une méharée dans le désert d'Adrar en Mauritanie. Nicolas Hulot évoque « une expérience inoubliable », celle de regarder l'homme dans le désert, avec « sa soif de curiosité ». Il se souvient d'une phrase énigmatique de Théodore Monod, nettoyant sa gamelle avec du sable : « Le désert, c'est une somme et une soustraction. » De retour à Nouakchott, l'avion de la petite expédition fait une sortie de piste, et les passagers doivent descendre de l'appareil. Et voilà que l'explorateur disparaît : « On l'a retrouvé de l'autre côté de la piste, il récoltait des pierres… »

Nicolas Hulot voit en Théodore Monod « l'humaniste absolu, cohérent jusqu'au bout, l'homme d'une vision et d'une justesse d'analyse sur les dérives de nos sociétés ». Mais il ajoute qu'on l'a souvent réduit, à l'époque, « à cette image d'un vieil homme dans le désert à la recherche d'une météorite ». Il convoque donc à nouveau Victor Hugo, cette phrase de l'écrivain qui pour lui définit parfaitement le savant, et qu'il cite souvent : « On ne s'incline que devant le génie et on ne s'agenouille que devant la bonté. » Pour Nicolas Hulot, à l'évidence, « il suffisait de croiser Théodore Monod pour comprendre qu'il incarnait le génie et la bonté ».

Dans ces années-là, où il mettait sur pied sa Fondation, le jeune Hulot se rendait souvent au Muséum d'histoire naturelle. « Le bureau de Théodore Monod ressemblait à son univers, avec des étagères partout, des échelles en bois pour accéder aux livres les plus hauts. À chaque fois que j'allais le voir, il me disait : "Mon petit ami, vous arrivez d'où ?" Je revenais par exemple du Québec : "Vous étiez où ?" Visiter un impact de météorite qui s'appelle… "Crater Lake ? Montez sur l'escabeau, vous voyez la troisième étagère, le cinquième livre en partant de la gauche, ouvrez à la page 267." Et page 267, il y avait un dessin de Crater Lake. » Le jeune homme repartait généralement du Muséum avec quelques livres sous le bras…

Qu'un Théodore Monod ait pu lui accorder autant d'instants précieux, Nicolas Hulot n'en revient toujours pas : « Je n'ai pas eu de bases universitaires, et cela m'a complexé. Je me demande toujours pourquoi de grands savants me donnent du temps, ils vont bien s'apercevoir que je ne suis pas au niveau ! Même si j'ai pris avec les années un peu d'assurance, je continue, devant cette patience à me faire comprendre des choses complexes, d'être à la fois flatté, étonné, gêné. »

Théodore Monod a fait plus que légitimer la Fondation Hulot, il a donné à son créateur la confiance pour mener son combat environnemental : « On doute toujours lorsqu'on se lance dans une telle aventure. Avoir eu cet être d'exception à mes côtés m'a rassuré. » L'homme qui a fui les études se voit aujourd'hui comme un passeur : « Dans le comité scientifique de la Fondation, j'ai les meilleurs profs au monde à ma disposition. Ça n'a pas de prix ! Qu'ont-ils en retour, ces penseurs qui acceptent de travailler avec moi, de Dominique Bourg à Gaël Giraud, d'Alain Grandjean à Cécile Renouard ? Pas grand-chose. Ils savent que, par mon intermédiaire, leur connaissance aura un débouché. Dans le monde dans lequel on vit, c'est le moins sachant qui peut accéder à des hommes politiques ou à des sphères médiatiques. Alors ils jouent le jeu, me donnent leur temps et leur savoir, pour que j'essaie de le transmettre. Quand je m'exprime sur une radio, une télé ou dans un article, j'ai obligation de ne pas les trahir. »

Aujourd'hui, Nicolas Hulot semble réconcilié avec l'école : « Je suis plus mesuré, même si je ne suis toujours pas convaincu que le temps qu'y passent les enfants soit totalement justifié. » Mais il en convient : « Moi qui décomptais les jours qui me séparaient des week-ends et des vacances, je vois mes enfants y aller avec plaisir... » Est-ce l'école qui a changé ou les enfants Hulot qui ne ressemblent pas à leur père ? « Ils ont eu la chance d'être dans des structures à taille humaine, puisque, avant Saint-Lunaire, j'ai habité la Corse et les montagnes de Haute-Provence. Je me sens proche de l'esprit Montessori. Il y avait une école Montessori quand on s'est installés ici, mais le temps qu'on fasse les travaux dans la maison, elle avait fermé... »

L'école dont rêve Nicolas Hulot est sans doute celle... qui porte son nom depuis quinze ans. La Fondation de France, qui avait reçu en legs le parc animalier de Branféré, dans le Morbihan, a voulu donner à ce parc une dimension d'intérêt général : « Une école a donc été créée, adossée au parc, avec pour mission et objectif que ceux qui y séjournent en ressortent avec une vision concrète de ce qu'est la biodiversité, et de ce en quoi elle est indispensable à l'homme. » Nicolas Hulot y voit une sorte d'idéal : « J'y envoie mes enfants régulièrement. J'aurais adoré avoir ça dans mon enfance, d'ailleurs j'ai de bons souvenirs des classes de mer, du scoutisme, j'adorais dormir sous la tente, faire des feux de camp... »

À l'Élysée, où il est l'« envoyé spécial du président de la République pour la protection de la planète », Nicolas Hulot est un… étudiant : « Je n'ai jamais autant bossé ! Quand vous êtes projeté dans l'univers de la diplomatie, il ne suffit pas d'avoir des convictions pour donner de la visibilité aux sujets environnementaux, il faut connaître les processus, le langage, les relations entre les États. » Son bureau est en rez-de-jardin, à l'hôtel de Marigny : « Dès qu'il y a un rayon de soleil, je m'installe dehors, même l'hiver quand il fait un froid de canard, j'y suis tout seul. Je suis heureux en plein air, avec une table, des livres, un ordinateur… » Et la photo de Théodore Monod à portée de main.

Muriel Mayette

Quand on la rencontre, à l'automne 2013, Muriel Mayette achève son second mandat d'administratrice de la Comédie-Française. On grimpe l'escalier, place du Palais-Royal, sous le regard des Anciens qui en tapissent les murs. Passé le tableau gravé des noms de tous les administrateurs – en bas duquel, en face de la date de sa nomination, le 4 août 2006, figure le seul prénom féminin –, le bureau de Mme l'administratrice respire l'impressionnante noblesse des lieux. Au-dessus de la porte d'entrée, Jean-Baptiste Poquelin veille. Muriel Mayette commence à parler. Et l'on se retrouve instantanément plongé à la fin des années 1970, à Clichy, sous les draps d'une adolescente passionnée qui dévore Victor Hugo dans la nuit, à la lueur d'une lampe-torche. En vrac, *La Forêt mouillée, Être aimé, Les Travailleurs de la mer…* Plus tôt encore, Muriel Mayette se souvient d'un son et lumière, à Gien, racontant les châteaux de la Loire, elle avait six ans, et parle aujourd'hui d'un « rendez-vous avec les poètes dans la beauté de la nuit ».

Sans doute était-on encore loin de l'univers du théâtre. Mais il y avait aussi ce grand-père magicien qui tenait boutique à Paris, rue des Carmes, et qui, à chaque Noël, apprenait des tours aux frères de Muriel Mayette : « J'étais furieuse qu'il ne s'intéresse pas à moi, qui étais la plus portée sur la fête, puisque j'obligeais mes frères à participer à mes spectacles. » La jeune fille inventait des sketchs et les faisait apprendre par cœur à son grand frère. Toute la famille devait assister au spectacle, pas payant, mais avec tickets d'entrée, et même une grande affiche : « Charlotte Delbo, l'assistante de Louis Jouvet, une des rares femmes à être revenue d'Auschwitz, avait réécrit dans le camp *Le Malade imaginaire*. Elle racontait qu'elle et ses amies déportées avaient confectionné des affiches. Pourquoi des affiches ? “Parce que pendant quelques heures c'était notre liberté”, ajoutait-elle. Eh bien moi, je faisais des affiches, avec titres des pièces et noms des acteurs, pour que “ça ait lieu”, pour qu'il se passe quelque chose. Je voulais faire du théâtre. » Elle n'a pas eu le choix : « Ce n'est pas toi qui choisis ta passion, c'est elle qui te choisit. »

À seize ans, la jeune Muriel passe en cachette et avec succès le concours de la rue Blanche. Elle arrête l'école. « J'ai tout de même juré à mes parents que j'aurais mon bac et je l'ai eu… l'année où j'ai obtenu le concours du Conservatoire. » Il n'y avait plus à discuter, ce n'était pas « peut-être vais-je faire du théâtre », ou « je vais voir si je peux en faire », « c'était une décision impérative. J'ai compris que ma vie était choisie, sans que je m'en sois rendu compte. Une passion vous anime autant qu'elle vous dévore ».

Comment un prof pourrait-il bien avoir changé la vie de Muriel Mayette, si sûre de sa vocation précoce ? « Ce n'est pas tout d'avoir une passion. Après viennent les rencontres ! Et j'ai eu beaucoup de chance. J'ai rencontré un homme exceptionnel. Mais il faut d'abord comprendre qu'il n'y a pas de professeur d'art, il n'y a que des artistes. Je peux me permettre de le dire puisque j'ai été professeur. Un jour, on choisit de poser son masque sur la table et de partager avec les jeunes ce qu'on sait et ce qu'on ne sait pas... »

Avant de rencontrer cet « homme exceptionnel », Muriel Mayette avait tout de même fait la connaissance de Claude Régy : « Il y avait dans ses cours une ambiance épouvantable de sérieux, de folie, et je n'arrivais pas à être folle. On ne peut pas commencer par le déséquilibre, il faut beaucoup de muscle et de santé pour y parvenir. La plupart des jeunes de ma génération qui étaient dans sa classe ne s'en sont jamais remis, ils ont sombré dans la drogue ou la folie. Je m'en suis sortie parce que j'étais trop jeune, ou protégée par mon étoile, mais l'expérience a été douloureuse. Claude désespérait de moi, il me disait : “Essaie de voir que le théâtre s'écroule”, je prenais cela au premier degré, ça n'engendrait en moi qu'un fou rire inextinguible, je n'y arrivais pas, et il m'a dit cette chose affreuse devant tous les autres : “Ce n'est pas grave, il y a plusieurs théâtres, regarde Jacqueline Maillan...” » Malgré cette expérience traumatisante, Muriel Mayette voit en Régy « un grand monsieur, qui a inspiré énormément les metteurs en scène du XXe siècle, mais n'est intéressant que quand on sait lui résister ».

Heureusement, la jeune fille avait aussi comme professeur Michel Bouquet, « qui savait très bien dire ses propres angoisses d'acteur, les questions qu'il se posait. Il partageait avec nous sa difficulté, nous disait des choses simples. Un jour, une phrase vous ouvre une porte – il y a beaucoup de portes à ouvrir dans un parcours artistique. Je jouais, devais monter des marches, et je suis tombée. Michel Bouquet : "Tu t'es fait mal ?" J'étais vexée : "Mais non, je joue." Avec cette phrase, il m'a fait comprendre que je devais trouver la frontière entre le vrai et le trop vrai. Si le public s'inquiète pour nous en tant que personnes et non comme personnages, le théâtre s'arrête. Il faut accepter que l'on joue pour de faux. Bouquet me l'a fait comprendre, très simplement ».

Nous sommes en 1982, Muriel Mayette a dix-huit ans. Un an plus tôt est arrivée au Conservatoire une des plus grandes figures du théâtre en France depuis les années 1950. Grand brechtien, Bernard Dort a enseigné à l'Institut d'études théâtrales de Paris-III. Les plus grands metteurs en scène figurent parmi ses élèves. « Je ne connaissais rien de lui, je n'avais rien lu de lui. » Bernard Dort n'enseignait qu'aux élèves de première année, mais Muriel Mayette le suivra assidûment pendant les trois ans de sa scolarité, en cours parallèle de dramaturgie. Et le prof deviendra ensuite un ami. « Bernard est arrivé pour moi dans cette période douloureuse où tout ce qui est facile devient compliqué, où il faut tout reconstruire. J'étais dans l'âge du "trop de questionnements", liés au choix du métier, à l'apprentissage d'un art, à la sortie de l'adolescence, au mûrissement du corps. Bernard était incroyablement vivant, il montait avec nous les scènes de la façon la plus tordue possible, mais sans les déformer. Par exemple, on faisait Brecht sur un ring avec des boxeurs, mais aussi Corneille chez les mafiosi, avec borsalinos et flingues. Souvent, je me rendais compte que les acteurs étaient bien meilleurs, parce qu'au lieu d'être obsédés par eux-mêmes, ils l'étaient par l'idée de défendre du sens : que faire, pour quoi faire, comment faire ? Ils s'oubliaient, et c'était vertigineux de les voir beaucoup plus à l'aise, libres… »

Muriel Mayette devient intarissable. Elle raconte une rencontre inoubliable. Du travail, bien sûr, beaucoup de travail, mais aussi de la vie, puisque Bernard Dort était un homme avec qui on pouvait aller au bistrot, manger, parler, rire. Un homme qui était, avant tout, un spectateur : « C'est le plus grand spectateur que j'aie jamais connu, il a vu pendant cinquante ans quatre ou cinq spectacles par semaine ! Et il avait une mémoire incroyable ! Il disait les choses les plus justes, les plus simples. Il a confié à Matthias Langhoff après son premier spectacle : "Eh bien maintenant, ça va être difficile." Et il avait raison, quand on atteint très vite les sommets, comment garder sa liberté ? »

Comme spectateur, Bernard Dort avait aussi, si l'on en croit Muriel Mayette, une amusante théorie sur le sommeil. Pour un spectateur, disait-il, s'endormir au début de la pièce, c'est formidable, quelque chose en soi peut lâcher, et revenir. S'endormir à la fin, pas très grave, le spectacle a été bon, mais ça fait quand même deux heures qu'il dure, et c'est compliqué. S'endormir au milieu, c'est catastrophique : c'est bon, j'ai compris, il ne se passera rien. « Plus généralement, poursuit Muriel Mayette, Bernard m'a fait comprendre que le spectateur pouvait dormir, rire, bouger, faire du bruit. Qu'il avait lui aussi le droit de vivre. Que c'était un partenaire. Du coup, je ne suis jamais déconcentrée parce que le public fait du bruit, je trouve ça normal… »

Un spectateur, donc, devenu prof. Enfin, prof… « Il ne considérait pas ce qu'il faisait comme un métier, il n'avait pas choisi d'enseigner, et ne l'a pas fait longtemps : arrivé un an avant mon entrée au Conservatoire, il s'est arrêté peu de temps après ma sortie. Je pense moi aussi qu'on ne peut pas enseigner pendant des années, parce qu'au bout d'un moment on met au point une méthode, or il n'y a pas de méthode. Quand on enseigne, on prend autant qu'on donne. Si l'on n'est là que pour donner, quelque chose de l'ordre de la vie, de la grâce, s'en va. Être prof, c'est partager son artisanat avec de jeunes générations. Bernard était bouleversé d'être avec des jeunes. Parce que ça le bousculait. Et l'on s'amusait terriblement dans ses cours. »

Chez ce grand intellectuel, se souvient Muriel Mayette, il y avait avant tout un goût de la simplicité : « Bernard simplifiait avec beaucoup d'intelligence, ce n'était pas de l'ordre de la psychologie ou du ressenti, c'était concret. Cela me faisait du bien dans ce métier souvent très abstrait. Un maçon peut dire à la fin de la journée : j'ai monté telle hauteur de mur. Un acteur qui a répété toute la journée, qu'a-t-il fait ? Bernard nous donnait des objectifs précis : par exemple, donner quatre versions différentes d'une scène. Ou traduire avec nos mots à nous deux alexandrins de Corneille : "Page, allez avertir Chimène de ma part/Qu'aujourd'hui pour me voir elle attend un peu tard/Et que mon amitié se plaint de sa paresse." Qu'est-ce que ça veut dire, pour vous ? nous demandait-il. "Page, tu peux aller dire à Chimène qu'elle vienne me voir parce que ça fait un quart d'heure que je l'attends et ça commence à me gonfler." Du coup, l'alexandrin n'était plus seulement une façon d'enrober un sens vague et un peu abstrait, il devenait un "plus" musical. »

Muriel Mayette s'emporte, s'enthousiasme, revit ses années d'apprentissage d'un coup si proches, avec un prof qui semblait si jeune : « Bernard ne nous interrompait pas sans cesse, il était capable de nous laisser faire des conneries jusqu'à ce qu'on se rende compte par nous-mêmes que c'étaient des conneries. Au Conservatoire aujourd'hui, il y a énormément de "cartes blanches", les acteurs travaillent entre eux, sans maître d'œuvre, ça prend beaucoup de place dans leur emploi du temps. Je trouve que c'est une erreur, parce que l'expérience est importante quand elle est regardée. Bernard nous regardait, parfois désespéré de notre bêtise, il nous laissait faire, mais nous avions un miroir ! On répétait beaucoup, on se creusait la tête sur les versions, et pas sur notre interprétation, et on faisait beaucoup de progrès sans s'en rendre compte. »

Faut-il rappeler que Bernard Dort, né à Metz, fut toute sa vie tourné vers l'Allemagne et le théâtre allemand ? « Bien sûr que ce théâtre l'a incroyablement influencé. Il aimait un théâtre engagé, utile, social. Politique. Le théâtre était pour lui un regard sur le monde. Il allait voir des spectacles en Allemagne, en Russie. C'est lui qui m'a fait rencontrer Matthias Langhoff, et grâce à Matthias Langhoff, j'ai joué *Le Revizor* de Gogol en italien avec des Italiens, à travers l'Italie, et jusqu'à Moscou ! » Muriel Mayette veut évoquer aussi l'homosexualité de Bernard Dort, qui l'avait beaucoup marginalisé dans sa famille et durant ses études de jeunesse. Mais il avait trouvé dans le théâtre un vrai espace de liberté. Cette même liberté dont l'élève sait gré à son prof : « Avec lui, j'ai conquis ma liberté d'actrice en me débarrassant de la psychologie. Si bien que Sternberg ou Stanislavski ne m'intéressent pas vraiment. Lorsqu'on joue avec le vrai de son instrument, on a une chance d'être traversé par ce qu'on vit. Oui, vraiment, Bernard a eu une influence fondamentale sur ma carrière d'actrice… »

Ne pas se prendre au sérieux, ne pas avoir peur du concret, de la simplicité… « La chose la plus grave, pour un acteur, ce n'est pas que ses parents meurent, mais de ne pas pouvoir jouer ce soir-là. Jouer envers et contre tout, c'est une loi sacrée qu'on ne peut transgresser. Moi, j'ai joué les jours de deuil comme de grande joie. La contrepartie de cette règle de vie est qu'on a tendance parfois à se prendre très au sérieux. À être attentif à soi-même de façon un peu hystérique, à en oublier le monde qu'on essaie de représenter, ce qui est tout de même une grande contradiction. Bernard m'a appris l'humour, le recul, la légèreté. On mangeait, on riait, on savait que la création ne naît pas forcément dans la souffrance, et ce n'est pas parce qu'elle naît dans la souffrance qu'elle est meilleure, parce qu'on ne choisit pas sa souffrance. Van Gogh n'a pas choisi d'être Van Gogh, et ce n'est pas parce qu'on se coupe l'oreille qu'on devient Van Gogh. J'étais bien avec Bernard parce que je suis terrienne, j'aime la vie… »

Bernard Dort habitait rue des Boulangers, à côté du Panthéon, Muriel Mayette rue des Carmes, les deux sont devenus amis : « Il venait chez moi tous les dimanches, cette conversation m'importait. En mangeant, on parlait des spectacles, des acteurs, simplement, avec une clarté qui empêchait toute hypocrisie. Il était pour moi *le* vrai critique, jamais méchant, mais quand c'était épouvantable, c'était épouvantable. » Il expliquait pourquoi, mais ça n'était pas grave.

Quand Bernard Dort est mort en 1994, Muriel Mayette avait trente ans. « J'étais si proche de lui… Je me suis occupée de son appartement, je n'ai cessé d'être hantée par lui. Il m'a tout appris. Et notamment une très belle chose : quelle que soit la différence d'âge, et l'expérience, à partir du moment où on essaie de créer, on est à égalité… »

Un professeur accessible, ce n'est pas banal, dit Muriel Mayette, « et c'est pour cela qu'il a pu devenir un ami. Je crois que, gamine, j'aurais été plus intéressée par l'école si j'avais eu des professeurs qui, comme Bernard au théâtre, n'avaient pas été des professionnels. Moi, j'adorerais par exemple raconter à un enfant qu'on me confierait pendant une journée le "futur". Mais si l'on me demande de "faire le futur" pendant trente-cinq ans, quelque chose meurt : la curiosité, la jouissance, le plaisir. Et le fait de se sentir utile. Il y avait tout cela chez Bernard ».

Robert Badinter

Et si Robert Badinter, l'homme qui a fait de sa vie un combat contre la peine de mort et a obtenu son abolition, n'était jamais devenu maître Badinter ? À l'automne 1945, le Parisien de dix-sept ans qui entre à la faculté de droit n'a nullement l'intention de devenir avocat. Il écoute les grands professeurs, rêve de leur ressembler, d'enseigner à son tour et d'écrire des manuels. Quatre ans d'études plus tard, son rêve ne l'a pas quitté mais le concours de l'agrégation n'est ouvert qu'à des candidats âgés de plus de vingt-cinq ans. Il lui faut, en attendant, gagner sa vie : « Mon père avait disparu pendant la guerre, et les biens familiaux s'étaient évaporés », dit aujourd'hui Robert Badinter. Façon pudique de présenter les choses. Simon Badinter a été arrêté le 9 février 1943 rue Sainte-Catherine, à Lyon. L'homme qui a signé son ordre de déportation à Sobibor s'appelle Klaus Barbie. « La petite affaire de pelleterie et fourrure de mon père avait été confisquée, confiée à un administrateur et vendue, il ne restait rien. Je ne voulais pas être à la charge de ma mère. Je me suis dit : que faire ?

Eh bien devenir pour un temps avocat ! J'ai passé le CAPA pour gagner ma vie tout en préparant l'agrégation. Mais je n'avais aucune vocation pour le métier. »

L'ancien ministre de la Justice, dont le vaste bureau surplombe les arbres du Luxembourg, fouille dans ses archives et brandit une photo en noir et blanc. On y voit un jeune homme brun et élancé aux côtés de deux hommes mûrs à la corpulence et l'allure d'un temps révolu : « Le plus âgé, c'est l'immense Moro-Giafferri, l'avocat de Landru, puis d'Eugène Weidmann, tueur en série, le dernier guillotiné en place publique. Au milieu, c'est Henry Torrès, mon maître. » Robert Badinter veut rendre hommage à ce mentor à qui il a dédié, il y a quarante ans, *L'Exécution* (Grasset, 1973), sa bouleversante chronique du procès Buffet-Bontems.

Robert Badinter aurait-il eu la vocation que les membres du barreau se seraient chargés, comme il le raconte dans *L'Exécution*, de le dissuader. Pas de « relations dans les affaires », aucun « ami au barreau », mais pourquoi voulez-vous être avocat, jeune homme ? Non, Robert n'a qu'un copain de fac, un certain Mandelbaum, qui lui présente à la buvette du Palais son patron, Jean-Baptiste Biaggi, « un avocat très à droite, pas fasciste, pas antisémite, mais passionnément nationaliste, ancien résistant et blessé de guerre ». Robert Badinter poursuit l'étonnant éloge : « Grand cœur, chaleur humaine très corse, culture immense. On sympathise, on rit, on déjeune, il me dit : “T'as un patron ? Une place chez Torrès, ça te dit ?” C'est comme ça que, par Biaggi, je suis arrivé chez Torrès… »

Le jeune apprenti avocat sait-il alors où il est tombé ? « Mais tout le monde juif connaissait Henry Torrès à cause du procès Schwartzbard ! » L'avocat avait obtenu en 1927 l'acquittement de ce jeune anarchiste juif qui avait assassiné à Paris le dirigeant ukrainien Simon Petlioura, jugé responsable de nombreux pogroms. « N'oubliez pas ce que cela représentait pour une famille comme la mienne ! Ma mère était née en France à cause des pogroms de Kichinev en 1905, à l'ouest de l'Empire russe, où les cosaques faisaient la loi et où l'antisémitisme était formidable. Henry Torrès, c'était le grand avocat juif d'avant-guerre, une star ! À l'exposition "Le Juif et la France" que les nazis avaient organisée au palais Berlitz en 1941, sa photo trônait en immense. » Parce qu'il avait aussi défendu en 1938 Grynszpan, ce Juif polonais qui avait assassiné un conseiller de l'ambassade d'Allemagne, Henry Torrès, après la défaite de 1940, s'était exilé aux États-Unis avant de rallier de Gaulle et la France libre. Il fut déchu de la nationalité française par Vichy et aussitôt rayé du barreau par ses confrères…

En 1950, cela fait cinq ans qu'Henry Torrès est rentré en France. Le jeune Badinter obtient son rendez-vous. « L'entretien se passe bien. Torrès s'étonne que je sois allé si jeune aux États-Unis, j'avais ramené un diplôme de l'université Columbia, j'étais un pionnier. Homme courtois, il me reconduit à la porte de son bureau et je lui dis : "Au revoir, monsieur, je vous donnerai ma réponse…" Sidéré, il me répond sèchement : "C'est moi qui décide !" Mais je crois que ça lui a plu, cette insolence ! Et je me suis retrouvé, fier comme Artaban, chez le père Torrès. Cela a été la chance de ma vie. »

Peu de choses rapprochent l'apprenti et le maître, que deux générations séparent. Juifs tous deux, mais pas du même monde : « Torrès était le type même de l'Israélite français, descendant d'une famille séfarade venue au XVIe siècle du Portugal. Son père avait été préfet de Bordeaux. Lui était un héros de la guerre de 1914, médaille militaire, croix de guerre, il avait refusé la Légion d'honneur. » Le jeune Badinter est le fils de deux émigrés de Bessarabie : « Mon père appartenait à un monde mort dont on n'a pas reconnu les mérites. On ne mesure pas l'amour de ces Juifs d'Europe centrale, le yiddishland, pour la France et pour la République. Ils étaient nourris de littérature française, jargonnaient ou parlaient selon leur degré de culture. Dès l'instant où il est arrivé en France en 1921, mon père avait considéré que la page était tournée, et il interdisait qu'on parlât à la maison autre chose que le français. Il était devenu français, ses enfants étaient français, on ne parlerait que français. Mais revenons au père Torrès… »

Henry Torrès, vous l'avez peut-être découvert sous les traits de… Gérard Depardieu, en 2009, dans *L'Abolition*, le téléfilm que Jean-Daniel Verhaeghe a tiré du livre de Robert Badinter. « Depardieu est énorme, très bon, mais sombre, alors que le père Torrès était joyeux. Vraiment joyeux ! Il aimait rire, ils aimaient tous rire, cela me frappe par rapport à aujourd'hui, je trouve les jeunes avocats si tristes… » Robert Badinter parle d'un homme « que le droit n'intéressait pas », mais qui aimait « la vie, la politique, les femmes, surtout les femmes ». Et il ajoute en riant : « J'ai été élevé dans le machisme pur et dur par le père Torrès. Il avait eu deux épouses, la première, très à gauche, poétesse surréaliste, est devenue Mme Léon Blum, la seconde, Mme Jacques Massu, femme du général. Et le père Torrès ricanant disait : "Ah, j'aurais préféré que ce soit le second de mes successeurs qui meure plutôt que le premier" – Léon Blum était mort en 1950... »

Robert Badinter évoque une sorte de Gargantua : « À l'époque, dans la culture française, on passait du temps à table. Henry Torrès aimait les plats lourds, épicés, chaleureux, les fromages puissants, les viandes en sauce. Et il avait le sens de l'amitié entre hommes. Avec les membres du Milieu, qui ressemblaient à Gabin dans le *Grisbi*, qui n'étaient plus "en active" comme ils disaient, Henry Torrès avait des rapports humains, eux le respectaient, et lui les comprenait. » Robert Badinter explique cela par les vertus de solidarité et de courage acquises dans les tranchées : « Il n'avait pas voulu être officier à cause de ses idées anarchistes. Sergent-chef, il avait été ce qu'on appelait "nettoyeur de tranchées", luttant au corps à corps après le passage des troupes d'assaut. À Verdun, il avait été laissé pour mort. »

Robert Badinter constate : « C'était un point commun, nous n'aimions pas l'un et l'autre les Allemands, lui parce qu'il appartenait à la génération d'avant 1914, moi pour d'autres raisons... » Il hésite, continue, évoque des liens secrets dus à une même souffrance : « Son fils, Jean, qui lui ressemblait d'ailleurs, très beau, encore plus beau que lui au même âge, s'était engagé à dix-huit ans dans la division

Leclerc et avait sauté sur une mine pendant la campagne d'Alsace. Torrès était inconsolable. » Lui a-t-il parlé de son fils, et Robert Badinter de son père ? « Jamais. Ça aussi, c'était une règle de ce monde codé, on ne parlait pas de ses souffrances, et encore moins dans une relation structurée par l'âge, par l'expérience. Le père Torrès avait une vie faite, j'avais une vie à faire. »

Une vie à faire… « Devenir un homme. C'était ça la grande question. Il faut se référer aux personnages qu'on voit dans les films des années 1930. C'était des hommes qui avaient fait la guerre, la détestaient, mais qui aimaient le combat ; des hommes qui faisaient des virées insensées entre hommes, qui aimaient avec passion les femmes – sans les femmes la vie n'avait pas de sens, mais c'était la femme, toutes les femmes… Des hommes courageux. Je regardais ça avec passion, parce que j'avais connu les malheurs de l'Occupation. À dix-sept ans, oui, j'étais un homme. Je savais que l'être humain est mauvais, que le courage est une vertu première, qu'il faut être loyal avec ceux que vous aimez, et ferme dans la vie. Les souffrances de l'adolescence avaient fait de moi un homme pessimiste, et le père Torrès était optimiste. »

Optimiste et… paresseux ! « Cela a été ma chance ! Ne voulant pas travailler, surtout à son âge, il laissait à ses collaborateurs non seulement la préparation du dossier, mais une place à l'audience. À vingt-trois ans, moi qui voulais faire du droit international, je me suis retrouvé à la cour d'assises de Paris à plaider avec le père Torrès ! J'ai chevauché à ses côtés ! Privilège inouï ! Pour qu'il puisse faire la charge qui allait emporter le morceau, il fallait qu'on dégage le chemin. Et donc plaider tout ce qui était difficile techniquement. L'expertise, c'était pour le collaborateur. Et le collaborateur, dans les grandes affaires d'assises, c'était moi, un môme ! “Vous prendrez ça, Robert, c'est dégueulasse, vous vous débrouillerez, vous ferez le Talmud, vous ferez le pilpoul, enfin vous vous débrouillerez.” »

Le Talmud, le pilpoul ? « Oui, il me traitait parfois de rabbin, parce que j'étais un étudiant sérieux. Il brocardait sans cesse le pilpoul, l'art des talmudistes. Et par rabbin, il disait talmudiste, “Tu coupes les cheveux en quatre, la catégorie de la sous-catégorie de la sous-catégorie, c'est ton truc.” Il trouvait que j'étais enclin, par formation, par tempérament, à être un juriste subtil là où lui était un héros de Jéricho. Il chargeait l'adversaire sabre au clair ! »

Le problème, c'est que le paresseux génial pouvait « atteindre en improvisation des sommets d'éloquence »... ou pas. « C'est fou ce que j'ai appris sur le métier d'avocat d'assises à être assis à côté de lui. Vous avez vingt-quatre ans, vous connaissez le dossier par cœur, vous vous demandez comment il va se sortir de telle ou telle situation, et parfois il était extraordinaire, parfois mauvais comme cochon, et c'était ma grande angoisse. Parce que c'est moi qui allais en prison voir les clients, pas lui. Eux croyaient que Henry Torrès passait ses jours et ses nuits sur le dossier, alors qu'il l'ouvrait deux jours avant les assises... » Félicitait-il son jeune collaborateur ? « Jamais. De temps en temps, une remarque technique. Il avait remarqué, ça l'énervait, que je bougeais à la barre. J'étais nerveux. Un jour, il m'a attrapé par la manche, pour m'interdire de bouger. Les jurés se marraient, c'était assez touchant de voir ce grand avocat clouer son jeune collaborateur sur place... »

Robert Badinter parle encore d'un enseignement par l'exemple, « et de temps en temps par des contes. C'était un conteur extraordinaire ». Tout commençait par une séance de travail vespérale. Robert Badinter l'imite : « Eh bien, veuillez m'apporter le dossier, Robert... » Mais très vite, il s'ennuyait. « Bien, on va aller dîner. » Fichu pour le travail : « Paris était encore plein de ces bistrots tenus par un vieux truand retiré ou par une ancienne tenancière de bordel, et Henry Torrès trônait, c'était Shéhérazade. Il racontait, une fille à ses côtés, un énorme ballon d'alcool fort devant lui. Je le ramenais vers deux heures du matin, parfois avec une fille, parfois seul, à l'hôtel Royal Monceau, où il avait un appartement à l'année. Arrivaient souvent des copains... »

Et l'argent ? « Vertu cardinale : ça ne comptait pas. Le client, l'amitié, l'enjeu, c'était ça qui importait dans une affaire, pas les honoraires. D'ailleurs, il demandait soit des sommes considérables, soit rien du tout. » Ou plus exactement, il faisait demander, car il n'aimait pas demander : « Robert, à propos, pour les honoraires, pour vous ça sera ça, et pour moi, vous demanderez ça. » Robert Badinter se souvient qu'il pouvait réclamer beaucoup à un industriel et rien du tout à un truand du temps jadis : « Il avait un vieux traité de déontologie d'un certain bâtonnier Cresson, qu'il brandissait : "Rappelez-vous, mes enfants : du Cresson, pas d'oseille !" Sous-entendu, je ne veux pas d'histoires d'argent ici. »

Que serait devenu Robert Badinter s'il n'avait eu ce maître ? « Un civiliste ennuyeux ! Le père Torrès m'a appris ce qu'était le drame humain, la passion judiciaire, toutes choses qu'un civiliste ne connaît pas. C'est de cela que je lui suis redevable. L'énorme théâtre humain qu'est la cour d'assises, c'est irremplaçable pour un jeune garçon. Je voyais des affaires terribles dont je portais pour une part la responsabilité. » Curieusement, Robert Badinter ne plaidera presque plus jamais aux assises entre le départ de Torrès en 1956 et l'affaire Buffet-Bontems en 1972 : « Ce n'était pas mon monde. Je n'ai jamais été un avocat de droit pénal. J'ai été un pénaliste avec Henry Torrès… »

Car un beau jour, Henry Torrès a réuni son équipe, il n'avait que soixante-cinq ans : « Je m'en vais. – Comment, patron ? – Oui, je m'en vais. Pas d'argent. Chacun garde ses dossiers. » C'était fini, tout le monde était malheureux, chacun est parti de son côté : « Il m'a laissé le nectar, les grandes affaires d'assises. Mais les clients voulaient Torrès, pas le collaborateur. Et ils sont tous partis ! Je me suis retrouvé sans rien, il m'a fallu construire mon cabinet. Je n'étais resté que cinq ans avec lui, mais c'était assez pour me guider pour toujours. »

En 1973, lorsqu'il écrit *L'Exécution*, son livre réquisitoire contre la peine de mort, Robert Badinter introduit la figure de Henry Torrès, mais comme un fantôme bienveillant, qui commente le déroulement de l'action : « J'ai repris ses enseignements en les théorisant, ce qu'il ne faisait pas. Les propos que je lui fais tenir sont donc les miens. Y compris cette phrase que je considère comme la plus provocatrice, dans laquelle je résume l'éloquence : “Plaider, c'est bander. Convaincre, c'est jouir.” Mais cela correspondait tout à fait à ce qu'il aurait pu dire, à la sensualité de son éloquence. “Il y a des avocats qui plaident avec leurs tripes et des avocats qui plaident avec leurs nerfs”, m'avait-il dit un jour. Il était de la première espèce, moi de la seconde. »

Le maître a-t-il rendu hommage à son élève ? « Il n'était pas homme à faire des éloges. Il se moquait, parfois, c'était une forme d'éloge. Mais l'élève, c'était l'élève, point. » Le cabinet Torrès n'était « pas un club d'admiration mutuelle ». Le jeune Badinter osait parfois un « ça c'était bien, patron », et le patron « ronronnait comme un vieux chat »...

Le maître et l'élève se sont-ils revus ? « Je l'emmenais parfois déjeuner, il me faisait de la peine, il aurait dû rester au barreau, c'était son monde... » Car le grand avocat avait espéré une carrière politique, et s'imaginait sans doute ministre... « Le voir ainsi me fichait le cafard. S'il m'avait consulté – mais ce n'était pas le genre d'homme à consulter –, je lui aurais dit il ne faut pas partir, plaidez de moins en moins mais plaidez, il faut rester le grand maître Torrès, ne quittez pas le barreau. Mais c'était un homme d'emportement, quand c'était fini, c'était fini. »

Robert Badinter a eu la chance de cette deuxième vie dont son maître n'a pas bénéficié : « Mais je ne l'ai pas trahi. Dans cette décennie 1972-1981, où j'ai vraiment lutté dans la tranchée judiciaire contre la peine de mort, il revivait en moi. Malheureusement, on ne filmait pas les grands procès d'assises à cette époque, donc il n'en reste rien, mais je le sais par mes collaborateurs, et par des témoins, dans les risques que je prenais, dans mon corps à corps avec l'accusation, et mes emportements, moi qui suis un homme plutôt réservé, c'était vraiment le père Torrès et son enseignement qui m'habitaient… »

Quand il est mort, Robert Badinter, qui venait de passer l'agrégation, était en Amérique pour une affaire : « C'était la première personne que je voulais voir à mon retour, et j'ai appris qu'il venait de mourir. Je l'ai vu sur son lit de mort, en robe d'avocat, ce qui m'a étonné parce qu'il ne jouait pas les avocats comme certains professionnels. Au crématorium du Père-Lachaise, Joseph Kessel, qui faisait son éloge, a eu cette phrase magnifique : “Si on regarde la vie d'un homme à l'aune des succès qu'il a remportés, de la carrière qu'il a faite, des honneurs qu'il a conquis, par rapport à ses dons inouïs, Henry Torrès a raté sa vie. Mais si on regarde une vie d'homme en fonction des passions qu'il a vécues, des amis qu'il a connus, des femmes qu'il a aimées, alors Torrès a réussi sa vie mieux qu'aucun homme que j'ai connu.” »

Robert Badinter en est convaincu, ce grand avocat qui avait tout pour lui « n'avait pas économisé ses dons, ne les avait pas placés comme un rentier, il les avait foutus en l'air, flambés ». L'homme qui a obtenu l'abolition de la peine de mort dit avoir eu « la sagesse de ne pas songer à l'imiter, parce que ce n'était pas pour moi, je n'en avais ni les ressources physiques ni les passions sauvages ». Robert Badinter, en revanche, est sûr d'une chose : « Le maître et le disciple, c'est vraiment ce que nous avons vécu. Mitterrand a été pour moi un ami cher, mais un maître sûrement pas. D'ailleurs, peut-on avoir deux maîtres dans sa vie ? Je ne crois pas. Il faut être jeune, et que ça tombe au bon moment. »

Si en 1973, lorsqu'il se met à l'écriture de son premier livre, Robert Badinter fait d'Henry Torrès une sorte de prophète biblique, c'est, dit-il, pour ne pas être didactique et ennuyeux dans sa description du métier d'avocat. Mais c'est aussi un acte de reconnaissance : « On ne parle jamais des avocats disparus. Plus personne ne connaît le nom de Torrès. Les seuls qui le connaissent sont ceux qui ont lu *L'Exécution*, et comme on ne lira bientôt plus *L'Exécution*, on oubliera le père Torrès. Parce que leur nom a figuré dans le journal, été mentionné dans les médias, les avocats croient avoir atteint le stade de la mémoire collective, c'est une erreur absolue, autant en emporte le vent… »

Cela voudrait-il dire que si François Mitterrand n'avait pas appelé Robert Badinter à la Justice, tout son travail d'avocat contre la peine de mort aurait fini par être oublié ? « Sûrement. Même les plus grandes affaires comme Patrick Henry, il n'en restera rien. C'est le hasard singulier qui a fait que celui-là même qui avait incarné dans les cours d'assises la lutte contre la peine de mort ait été celui qui allait faire voter l'abolition. » Le hasard ? « Si Maurice Faure avait voulu rester à son poste, je n'aurais pas été le garde des Sceaux de l'abolition. L'angoisse de la mort étant ce qu'il y a de plus profond dans la nature humaine, l'abolition restera dans l'histoire. »

Et Henry Torrès, était-il abolitionniste ? « Il condamnait la peine de mort dans le prétoire pour tel client, mais elle était pour lui partie intégrante de la justice. Ce n'était pas une cause fondamentale. À Verdun, il avait été avocat défenseur. Il racontait comment de braves types, à bout, parce qu'ils avaient fichu un jour à la gueule du cuistot le café arrivé froid, *hop*, tribunal militaire. Il disait : "J'ai vu fusiller des hommes pour rien", et il avait une haine des tribunaux militaires. Ministre de la Justice, je l'ai vengé en les supprimant ! »

La mort, bien sûr, mais avant tout une pulsion de vie énorme, préfère se souvenir Robert Badinter : « Il était riche de contes effrayants. Ces condamnations à mort dans les tranchées, disait-il, c'était affreux, mais ça avait un bon côté : s'il s'agissait d'un soldat, on allait demander la grâce au quartier général, à Verdun, donc on quittait les lignes ; et si c'était un officier, on allait chez le président de la République. Alors là, c'était la joie ! » Certes, il fallait aller voir « cette canaille de Poincaré », cet avocat qui envoyait tout le monde au peloton. Mais après, ajoutait Henry Torrès, « c'était les femmes, Maxim's, on baisait comme des fous puis on remontait en ligne ». Robert Badinter suggère l'écriture d'une nouvelle : « Imaginez, la mort dans la tranchée, le conseil de guerre, la condamnation à mort, la visite au président de la République, et en voiture Simone ! » Et il conclut avec un clin d'œil : « Un monde disparu... »

Scholastique Mukasonga

Dans le passé de Scholastique Mukasonga, on cherche une lueur, on s'accroche au plus petit motif de réconfort. On croit l'avoir trouvée, cette lueur, dans *L'Iguifou* (Gallimard, 2010), le recueil de nouvelles qu'elle a écrites après son autobiographie, *Inyenzi ou les Cafards* (Gallimard, 2006), qui est aussi une histoire du génocide rwandais de 1994 – trente-sept membres de sa famille y ont trouvé la mort. Dans une des nouvelles, elle revient sur sa brillante scolarité, en secondaire, au lycée Notre-Dame-de-Cîteaux, à Kigali, capitale du Rwanda, et raconte son exceptionnelle relation avec un professeur de français : « J'étais sa meilleure élève, j'aimais écrire, je noircissais des carnets de citations, de notes, de petites histoires que j'inventais. En classe, le professeur lisait mes dissertations au grand dépit de mes camarades, qui attendaient patiemment l'occasion de se venger. » Scholastique Mukasonga évoque les livres prêtés par ce prof et lus en cachette, Malraux, Sartre, Camus, etc., puis l'épuration de 1973 – vingt ans avant le génocide –, qui la chasse, ainsi que tous les Tutsis, du lycée Notre-Dame-de-Cîteaux : « Je me réfugiais chez mon professeur de français qui, m'ayant cachée dans le coffre de sa voiture, me déposa au bout d'une piste oubliée à proximité de la frontière du Burundi. » On la tient, la belle histoire ! Erreur… « La narratrice de cette nouvelle, ce n'est pas moi ! nous dit-elle aujourd'hui. Trois des nouvelles de ce livre, dont celle-ci, sont romancées. Ce professeur salvateur n'a pas existé. C'est bien à pied, avec mon frère André, que je me suis réfugiée au Burundi, comme je l'évoque dans mon autobiographie. Non, je n'ai malheureusement pas connu un tel professeur. » Il faut s'y résoudre, un professeur n'a pas sauvé la vie de Scholastique Mukasonga…

Mais si aucun professeur n'a sauvé la jeune Rwandaise, la langue française, elle, a bien été salvatrice. La première fois qu'on a entendu sa belle voix claire, chaleureuse, fervente, et son rire, c'était le 9 novembre 2012 sur France Culture. Elle venait d'être primée pour son dernier livre, *Notre-Dame-du-Nil* (Gallimard, 2012), et racontait sa sidération devant le coup de téléphone de son éditeur Antoine Gallimard : « Vous avez le Renaudot ! » Et à la radio, elle précisa : « La langue française m'a sauvée, pas parce que j'étais la plus intelligente, mais parce que mes parents ont compris très tôt qu'à travers cette langue, je détenais le passeport international qui me permettrait de consigner la mémoire de notre peuple… » Dès 1973, alors qu'une vague d'épuration sévissait déjà, les parents de la petite Scholastique avaient décidé d'expédier deux de leurs enfants, elle et son frère André, excellents élèves, de l'autre côté de la frontière, au Burundi. Vingt ans plus tard, eux seuls seront saufs.

Mais l'histoire commence beaucoup plus tôt, dès 1959, « à la Toussaint », date des premiers pogroms contre les Tutsis et du premier exil. Nous voici dans les beaux paysages d'altitude du sud-ouest du Rwanda, dans la forêt de Nyungwe, le royaume des grands singes. Scholastique Mukasonga a trois ans. « On a entendu des bruits, des cris, une rumeur comme un essaim de monstrueuses abeilles, un grondement qui envahissait tout », écrit-elle dans *Inyenzi ou les Cafards*. La nuit venue, les Tutsis doivent prendre la route de la mission, s'installent dans les salles de classe, mais le père supérieur s'enfuit. Une sorte de conclave de notables hutus décide alors de l'expulsion des Tutsis, des camions se garent dans la cour de l'école. Le convoi entame un long voyage pour s'arrêter « dans un pays inconnu qui ne ressemblait pas au Rwanda ».

La petite Scholastique et sa famille sont arrivées à Nyamata, dans la région du Bugesera, « savane presque inhabitée, infestée par la mouche tsé-tsé », dans le sud-est du pays, où va désormais se poursuivre leur existence. Parqués d'abord, une fois encore, dans une cour d'école... « Les écoles étaient omniprésentes dans le pays, à cause des missions », rappelle Scholastique Mukasonga. Le 1er janvier 1930, un missionnaire père blanc français, premier vicaire apostolique du pays, Léon-Paul Classe (ça ne s'invente pas !), a en effet signé avec l'autorité mandataire belge un accord donnant aux missions la responsabilité de l'enseignement. Les pères blancs recrutent des « moniteurs ». Et scolarisent tous les petits Rwandais. Une seule condition : être baptisé et porter un prénom chrétien.

Et voilà comment celle qui a été nommée par son père « Mukasonga » devient aussi, par les vertus du baptême, « Scholastique ». « Le prêtre faisait le tour des villages avec la liste des baptisés pour vérifier que les enfants d'âge scolaire fréquentaient bien l'école de la mission. La religion tenait donc une bonne place dans cet enseignement. »

Dès l'âge de six ans, tous les petits Rwandais accèdent à l'école primaire. Par les vertus paradoxales de l'exil intérieur, Scholastique Mukasonga commence l'école deux ans plus tôt ! En effet, à l'arrivée à Nyamata, dans la cour de l'établissement où sont entassés provisoirement les déplacés, les instituteurs réfugiés ont improvisé des classes sous des abris de fortune : « Les parents trichaient sur l'âge de leurs enfants et les inscrivaient à l'école pour avoir le bol de riz que distribuait la mission. L'important était de ne pas mourir de faim. »

La famille de Scholastique s'installe enfin à quelques kilomètres de là, dans un autre village, Gitwe, et c'est encore une classe en plein air, improvisée par les déplacés. Le Bugesera est une région délaissée, les écoles y sont rares car la religion chrétienne n'y est guère implantée. C'est pourtant là, à Gitwe, à l'âge réglementaire de six ans, que la petite fille fait son entrée officielle à l'école : « Dès que vous y mettiez les pieds, vous aviez votre petit livre. Six ans, pieds nus, j'ai mon livre : le rwandais à gauche, le français à droite, face à face. Dès le premier jour, j'affronte la langue française. Mon moniteur faisait partie des déplacés. C'était un personnage important et respecté. Il était l'interlocuteur privilégié entre les "réfugiés de l'intérieur" et la mission. Il nous apprenait à lire et à écrire en mélangeant kinyarwanda et français. Peu à peu notre français s'enrichissait d'un bon vocabulaire mais restait une langue scolaire, un peu comme le latin… »

Il y aura encore un déménagement forcé, toujours dans la région du Bugesera, mais dans un endroit encore plus hostile, Gitagata, sous la menace permanente des militaires hutus du camp de Gako. Commence alors la période la plus terrifiante de la vie de Scholastique Mukasonga : en troisième année de primaire, elle et ses amies du village de Gitagata doivent rejoindre quotidiennement la grande école de Nyamata. Or, la route de Nyamata est aussi celle qui conduit au camp de Gako, rempli de futurs génocidaires… Pendant quatre ans, la peur est le lot des fillettes : « Un jour, nous étions quatre sur le chemin de l'école : Jacqueline, Kayisharaza, Candida et moi, se souvient Scholastique Mukasonga dans *Inyenzi*. Un camion a surgi derrière nous. Nous ne l'avions pas entendu venir. Nous n'avons eu que le temps de nous jeter sous les caféiers. Trop tard ! Les militaires nous avaient vues et lancé une grenade. Kayisharaza a eu la jambe déchiquetée. Elle a dû abandonner l'école. »

À l'école de Nyamata, le nouveau maître de Scholastique Mukasonga, Félicien, attend. Dans l'encadrement de la porte, bâton à la main, il guette chaque arrivée. Sévère, il ne tolère aucun retard, comme s'il craignait le pire. Une seule excuse est admise : la rencontre avec des éléphants. « Les éléphants n'étaient pourtant pas le plus grand danger que les écoliers pouvaient rencontrer sur la route de Nyamata… »

Félicien a un merveilleux outil qui, à défaut de pouvoir vaincre la peur, est un beau sésame, l'ouverture vers un autre monde : « *Matins d'Afrique* était le seul vrai livre qui nous était prêté, un pour deux ou trois élèves, et le seul que nous avions le droit de toucher, dont nous pouvions tourner les pages, sur lequel nous glissions nos doigts pour suivre chaque ligne. Ce privilège était celui de nos deux dernières années de primaire. » Jusqu'alors, l'apprentissage du français s'est effectué par oral : « Le livre didactique dont se servait le maître des premières années d'apprentissage était hors de notre portée, nous n'avions pas le droit d'y jeter un œil : c'était comme le secret du moniteur. Nous n'avions qu'à tout noter sous sa dictée. »

Avec *Matins d'Afrique,* Félicien, le moniteur des « grands », dispose d'un sacré pouvoir, presque magique. D'autant, rappelle Scholastique Mukasonga, que « l'Afrique dont il était question n'était pas la nôtre ». On y croise des baobabs, des marigots, et les petites filles s'appellent Fatoumata. Bref, ces matins d'Afrique se lèvent beaucoup plus à l'ouest du continent, sur le fleuve Niger, et font rêver la petite Rwandaise : « Grâce à ce livre, nous pressentions que le monde était plus vaste que nous pouvions l'imaginer. »

Plus vaste en tout cas que l'univers familial : « Mon père savait lire et écrire. Il ignorait le français. Il savait le swahili, langue administrative imposée par le colonisateur, ce qui lui avait permis d'occuper le poste de secrétaire comptable auprès d'un sous-chef. Ma mère ne savait ni lire ni écrire mais était une excellente conteuse et une gardienne de la tradition. » Non, le détenteur de la langue française, c'est bien Félicien. Il a inspiré à Scholastique Mukasonga quelques très belles pages, peut-être les plus émouvantes de son œuvre : dans *L'Iguifou*, elle évoque « la peur ordinaire », celle de tous les jours, sur le chemin de l'école entre Gitagata et Nyamata, mais elle ajoute : « On entrait dans la salle de classe, on pénétrait dans un autre monde, on espérait que la peur resterait à la porte. »

Félicien fait l'impossible pour l'éloigner, demande à ses élèves de ne pas détourner leurs yeux du tableau, de ne surtout pas regarder en direction de la fenêtre car, dit-il, « les mots s'en vont par la fenêtre, impossible de les rattraper, ils disparaissent ». Malgré son interdiction, les gamines regardent Félicien à la dérobée, le surprennent à « scruter anxieusement le grand verger de la mission, la brousse trop proche qui barrait l'horizon d'invisibles menaces... La fenêtre l'attirait irrésistiblement, il s'arrangeait, en passant entre les pupitres, pour ne jamais lui tourner le dos ».

Mais parfois, la peur prend le dessus. Scholastique Mukasonga évoque les allers-retours de Félicien hors de la salle, ses conciliabules avec les autres maîtres. Puis le mot d'ordre : « Allez, les enfants, on va prier. » Toute la petite troupe se réfugie alors dans l'église en passant par la porte de la sacristie... Le calme revient, arrivent la fin des cours et les injonctions de Félicien à ses élèves qui doivent prendre le chemin du retour : « Ne traînez pas en route. Courez, courez, c'est ce qui peut vous sauver. »

Avec le recul, Scholastique Mukasonga reconnaît un mérite immense à cet instituteur sévère et rongé par la peur : « L'école était le seul lieu où on avait droit de se projeter dans l'avenir grâce au discours de ce maître. Car il utilisait le futur. Félicien disait : "Pour certains, vous serez… Pour d'autres, ce sera…" Grâce à lui, nous étions des êtres avec un avenir et non des cafards promis à mourir. »

Félicien ne se trompait pas : à l'issue de l'année, Scholastique Mukasonga réussit brillamment l'examen national qui la conduisit en 1968 au lycée Notre-Dame-de-Cîteaux, établissement d'élite de la capitale qui réserve un quota de 10 % de places aux élèves tutsis. La suite, on le sait, fut l'immense tragédie du génocide. Mais la suite, c'est aussi l'exil de la jeune fille, puis son installation en France, et une magnifique œuvre de mémoire. « Je n'ai pas décidé d'écrire, je n'ai pas eu le choix, j'ai été choisie ! » Félicien aura joué le rôle essentiel du passeur vers la langue salvatrice.

Alain Finkielkraut

Au téléphone, il avait prévenu : « Je n'ai pas eu la chance, comme Albert Camus, d'avoir un M. Germain dans mon parcours scolaire. C'est par les livres, et après l'école, que j'ai découvert mon maître, Levinas… »

Alain Finkielkraut décline « un parcours scolaire assez banal ». L'école maternelle rue Marcel, dans le 10e arrondissement de Paris, où son père était maroquinier, puis l'école « qu'on appelait élémentaire », rue des Récollets, enfin l'admission au lycée Henri-IV qui n'était pas dans son secteur, obtenue « grâce à la recommandation du directeur de mon école ». Hypokhâgne, khâgne, et le grand traumatisme de l'échec à l'École normale supérieure de la rue d'Ulm en 1968 : « Je n'ai pas voulu faire une seconde khâgne, et j'ai préparé et réussi le concours de l'ENS Saint-Cloud. » Suivent l'agrégation en 1972, l'enseignement dans un lycée technique de Beauvais puis à l'université de Berkeley « comme *visiting professor* », une mise en disponibilité, et finalement quinze ans d'enseignement à l'École polytechnique.

Parcours banal ? Pas sûr. Et certainement pas si l'on entre sur le terrain de l'intime, ce qu'Alain Finkielkraut n'accepte qu'avec réserve. On entrevoit l'histoire de jeunes gens qui fuient la Pologne avant la guerre, se rencontrent à Paris et donnent naissance en 1949 à un fils unique : « Leur langue maternelle était le polonais. Mon père parlait yiddish et lisait *Unzer Vort*, un des deux quotidiens yiddish qui paraissaient à Paris. Ma mère ne sachant pas le yiddish, c'est en polonais qu'ils se parlaient. À moi, en revanche, ils s'adressaient exclusivement en français. » Les Finkielkraut obtiennent une naturalisation collective lorsque le petit Alain a un an : « Je les entendais parler polonais, mais ils se gardaient de m'apprendre cette langue pour que mon assimilation à la culture française se fasse au mieux, et parce que ce n'est pas une langue qu'ils aimaient beaucoup. Enfin, ils l'aimaient en tant qu'ils la parlaient, mais elle leur rappelait un pays qui, pensaient-ils, les avait trahis. » Ce n'est pourtant pas de Pologne mais de France que le père d'Alain avait été déporté à Auschwitz – dont il était revenu, contrairement à ses propres parents.

Alain Finkielkraut décrit le parcours d'un bon élève dans un « univers familial bien structuré ». Fils unique, une mère qui le conduit « dans le droit chemin d'une scolarité studieuse ». « Elle m'accueillait au retour de l'école, me préparait un bon goûter, je n'avais rien d'autre à faire qu'ouvrir mes cahiers et finir mes devoirs. » N'empêche, à dix ans, le jeune Finkielkraut lit essentiellement... des BD – pardon, « des illustrés ». Ces lectures ne plaisent pas beaucoup à la mère d'Alain, lequel heureusement, vers l'âge de douze ans, se découvre un cousin plus âgé, gros lecteur de livres de poche : « J'ai commencé pour l'imiter à me constituer une bibliothèque de livres de poche, Pearl Buck, *Impératrice de Chine, Le Chapelier et son château*... Mon premier vrai plaisir de lecture, ce sont *Les Contes du chat perché* de Marcel Aymé, ces animaux qui parlaient me ravissaient. Si l'élevage industriel me fait horreur, cela vient sûrement de Delphine et Marinette... »

Un jour, le jeune Alain rentre de classe, heureux parce que troisième : « Ma mère n'était pas contente de cette place, j'étais ébahi et ulcéré par son exigence. Elle portait ce jour-là une robe de chambre écossaise, elle s'est baissée et je lui ai donné une fessée. J'ai fessé ma mère ! Enfin, c'était une fessée symbolique. Pour la punir de me demander trop. Cela signifie tout de même que pour moi il n'y avait pas d'autre salut que d'être un bon élève. » D'autant que Mme Finkielkraut est une lectrice assidue : « En Pologne, elle était allée jusqu'au baccalauréat. Je ne suis pas né dans une maison avec une grande bibliothèque, je ne suis pas un héritier au sens où l'entend Bourdieu, mais il y avait chez elle ce qu'il appelle une "bonne volonté culturelle". »

La hantise d'Alain Finkielkraut, ce sont les matières scientifiques : « Dès que je m'en approchais, ça coinçait, surtout en physique et en chimie, où ma nullité était totale. Les travaux pratiques me terrorisaient, en particulier lorsqu'il fallait allumer quelque chose. En terminale, j'ai donc décidé de choisir ce qu'on appelait alors la "classe de philosophie". Alors que mon père me rêvait en ingénieur ! Et à Polytechnique ! Je me suis ensuite dirigé vers l'agrégation de lettres modernes, parce que la philosophie me faisait peur. J'étais très intimidé par les grands sujets métaphysiques, j'avais besoin de la médiation des textes pour réfléchir, ce qui fait que je suis davantage en dette avec des auteurs que j'ai lus qu'avec des maîtres que j'aurais eus. »

Et bien sûr, le premier d'entre eux, Emmanuel Levinas.

Nous sommes en 1974, Alain Finkielkraut, vingt-cinq ans, est jeune professeur. « Depuis ma terminale, je lisais des philosophes en me disant : "Un jour, je trouverai mon philosophe de référence." » Il pense déjà l'avoir trouvé en 1968 avec Jean-Paul Sartre, défendu « contre l'opinion dominante des blancs-becs de l'hypokhâgne et de la khâgne ». Sartre, et la phénoménologie avec lui, se souvient Alain Finkielkraut, avait été frappé de désuétude par la grande vague structuraliste : « Alors, je prenais son parti, je l'aimais, j'attendais avec impatience la parution de ses livres, j'ai acheté *L'Idiot de la famille* en 1972, que je lisais sur la plage l'été où on ne jurait que par *L'Anti-Œdipe* de Gilles Deleuze et Félix Guattari… »

Sartre est important, mais pas déterminant. Alain Finkielkraut reste dans l'attente : « Un jour viendra où un livre de philosophie m'emportera… » Ce jour arrive, et ce livre est *Totalité et Infini* (1961), qu'Emmanuel Levinas a publié quinze ans plus tôt. « Je ne le lis pas, je le dévore. Ce qu'il dit de la rencontre, ce qu'il dit du visage, me fait éprouver l'émotion dont je rêvais. Quelque chose m'a été révélé. Et c'est grâce à cette lecture que j'ai pu m'orienter vers la philosophie. Peu à peu, sous l'égide de Levinas, j'ai choisi la voie philosophique, d'autant que la théorie littéraire à l'époque refermait le texte sur lui-même, alors que j'attendais des livres qu'ils m'apprennent des choses sur le monde, qu'ils m'aident à déchiffrer les énigmes de l'existence. »

Deux ans plus tard, lorsque Alain Finkielkraut écrit avec Pascal Bruckner *Le Nouveau Désordre amoureux* (Seuil, 1977), lecture iconoclaste de la « révolution sexuelle » prônée par 68, c'est sous « influence » levinassienne : « J'ai fait d'Emmanuel Levinas une lecture délibérément fautive puisque j'ai transformé sa description du rapport éthique en description du rapport amoureux. Mais je pense que lui-même autorise une telle lecture. Il y a une dimension équivoque dans la pensée de Levinas, d'où le charme très fort qu'exerce son écriture. »

En 1981, dans le *Le Juif imaginaire* (Seuil, 1980), Alain Finkielkraut s'interroge sur l'identité des jeunes Juifs – athées – de sa génération, sur le « paradoxe d'une judéité définie par un malheur censé nous protéger contre tout antisémitisme », sur le nécessaire passage de l'ostentation à la fidélité. « Je suis alors coopté pour le colloque annuel des intellectuels juifs de langue française. À cette occasion, je rencontre Emmanuel Levinas, je le fréquente même puisque nous avions dans le cadre de la préparation à ce colloque des réunions mensuelles. Pendant plusieurs années, je le verrai régulièrement, et parfois en tête à tête. Nous avons eu un entretien en 1982 au lendemain de la guerre du Liban, où peut-être pour la première et la seule fois Levinas se montre sévère envers la politique israélienne. »

Le grand hommage d'Alain Finkielkraut à Emmanuel Levinas viendra deux ans plus tard, en 1984, avec *La Sagesse de l'amour* (Gallimard, 1984) : « Quand j'ai écrit ce livre, je connaissais Levinas, mais je me suis bien gardé de discuter de mon travail avec lui. J'ai eu peur qu'il me paralyse, je voulais être tout à fait libre. » On sent alors un regret : « Par la suite, j'aurais aimé l'interroger longuement sur Martin Heidegger, sur Maurice Blanchot. Je n'osais pas, j'étais un peu timide et, de toute façon, Levinas ne se livrait pas beaucoup. Dans la conversation, il était, je ne dirais pas laconique, mais réservé, et très intimidant. Il n'avait jamais une parole pour rien, jamais de futilité, il était vraiment habité par la pensée, ça rendait le contact un peu difficile, car c'était un personnage très majestueux. »

Alain Finkielkraut s'en veut encore de ne pas avoir découvert Emmanuel Levinas pendant ses études : « Oui, il a été mon maître, mais je n'ai pas suivi ses cours à la Sorbonne ni à l'École normale israélite orientale. Avant *Totalité et Infini*, j'avais lu les premières *Lectures talmudiques*. J'aurais pu, à dix-neuf ans, suivre son enseignement à Nanterre, mais je n'avais pas la clairvoyance requise. À cet âge-là, Levinas n'existait pas vraiment pour moi. C'était l'époque où on lisait Foucault, Althusser, Marx, j'étais le fils de mon temps. Se dégager de l'opinion dominante, n'être plus seulement le fils de son temps, c'est un travail de longue haleine… »

Cruelle ironie, puisque ne plus être de son temps est justement un des reproches faits aujourd'hui à Alain Finkielkraut : « C'est une manière d'exiger le conformisme que de faire un pareil reproche ! Nous ne pouvons pas éviter d'être de notre temps, certes, mais nous devons être capables de prendre des distances, de le regarder, ce temps, de l'extérieur, de voir de quoi il a l'air. Je pense être moins conformiste que je ne l'ai été jeune. Et des gens de ma génération ont été à vingt ans plus lucides que je ne l'étais. J'ai participé aux événements de 68 avec enthousiasme, je ne le regrette pas, mais force m'est de constater que je faisais comme tout le monde. Je suivais le mouvement et je n'ai appris que progressivement à penser par moi-même, grâce à un certain nombre de textes, d'abord ceux de Levinas. Puis de Hannah Arendt, puis de Heidegger. Et grâce, enfin, à la rencontre fondamentale de Milan Kundera. »

Car si Alain Finkielkraut a « raté » son maître Levinas, il a bien suivi les cours de Kundera à l'EHESS dans les années 1980 : « J'avais de nombreuses conversations avec lui. Kundera a infligé à la fois au nouveau roman et à la théorie littéraire un démenti radical qui m'a permis de revenir à la littérature. » En 1979, Alain Finkielkraut découvre en première page du *Monde des livres* un article de Kundera sur *Professeur de désir* de Philip Roth : « J'étais lecteur de Roth depuis *Portnoy et son complexe*, ma mère s'était beaucoup enthousiasmée pour ce livre et avait beaucoup choqué le cercle de ses amis. Les familles juives avaient réagi avec une distance prude à ce grand déballage. Mais ma mère et moi, nous lisions Roth ! Et voilà que je découvre ce texte de cet écrivain tchécoslovaque rencontré peu de temps auparavant parlant de l'écrivain américain que j'aimais. J'étais ébloui... »

Quelque temps plus tard, Milan Kundera invite le jeune Finkielkraut à dîner avec Philip Roth et sa femme, Claire Bloom, en visite à Paris : « Une relation s'est nouée, elle n'a jamais cessé. Philip Roth m'a envoyé ses manuscrits jusqu'à son dernier roman, *Némésis*. Nous avions des rendez-vous téléphoniques, je lui disais tout ce que ça m'avait évoqué, il pouvait en tirer profit pour ajouter ici ou là une phrase. »

Alain Finkielkraut dit avoir une dette très importante à l'égard de ces deux romanciers : « Si je suis quelque peu philosophe, c'est grâce à Levinas, bien sûr, mais aussi grâce à eux. Kundera m'a appris ce que ma judéité avait à voir avec l'esprit plus général de l'Europe centrale, il m'a mis sur la voie d'une reconquête de mon identité européenne. Philip Roth, avec *L'Écrivain des ombres*, m'a aidé à sortir de l'alternative sartrienne entre le Juif inauthentique qui répudie son identité pour être admis dans le cercle des gens fréquentables et le Juif authentique qui l'assume face au regard de l'autre. Avec Roth, j'ai pu voir ce que cette authenticité avait elle-même d'inauthentique, la part d'imposture qu'elle comportait, c'est-à-dire la pose, l'assomption, la revendication d'un malheur dont en réalité j'étais protégé par la proximité d'Auschwitz. Sans Philip Roth, je n'aurais pas été capable de forger ce concept de *Juif imaginaire*... »

Voilà. Un maître, Levinas, et deux écrivains. L'école, dont Alain Finkielkraut a fait un de ses combats, aurait donc si peu compté ? « Malheureusement, j'ai une mémoire défaillante, je serais bien en peine d'écrire mon autobiographie. » Mais voilà que surgit M. Nicolet, professeur de français et latin en quatrième au lycée Henri-IV. « Il enseignait également à l'École des chartes, c'était un extraordinaire latiniste. » À cette époque, Alain Finkielkraut n'est, lui, qu'un honnête latiniste. Moyen en version, il balance de rage son dictionnaire Gaffiot contre les murs de sa chambre lorsqu'il ne parvient pas à traduire Tite-Live ou Tacite. « En revanche, le thème me galvanisait ! » Cela tombe bien, M. Nicolet a choisi, pour punir les bavards – « Il n'y avait pas de chahut dans sa classe, mais il y avait du bavardage » –, un petit exercice : cinq lignes à créer en latin sur le thème du silence. *De silentio*. Dix lignes, si l'on était récidiviste. De punition en punition, toujours le même exercice : « Je trouvais cela délicieux. Je cherchais à chaque fois des idées nouvelles. J'aimais la totale gratuité de cet exercice. Il fallait forger les deux textes, le français puis le latin. Cette idée d'écrire un texte, puis de le traduire dans une langue que personne ne parle, je trouvais cela grisant. Je crois avoir éprouvé, grâce à M. Nicolet, l'allégresse de l'inutile. »

Alain Finkielkraut, fort en thème ? « Non, les forts en thème sont ceux qui sont bons en tout ! Moi j'étais fort en thème au sens restreint du terme. Fort en thème, point. Sauf qu'à Ulm où j'ai échoué, j'ai eu une très mauvaise note en thème latin, alors que j'étais sorti confiant de cette épreuve. J'étais consterné… » Pas au point d'effacer le souvenir de son professeur de latin : « Cet exercice absurde que nous imposait Nicolet me touche, et je suis d'autant plus attaché à sa mémoire qu'il témoigne d'une époque ensevelie ! Impossible d'imaginer aujourd'hui un exercice pareil ! Ça ne demandait pourtant pas des capacités exceptionnelles. Nous n'étions pas des génies, ne composions pas de vers latins, comme Rimbaud. Notre culture classique était très résiduelle. Mais cet exercice amusant demandait une certaine inventivité poétique ou aphoristique, il fallait trouver de petites morales. »

L'hommage est ainsi rendu. Certes, ce n'est pas la lettre de remerciement qu'écrivit, le 19 novembre 1957, au lendemain de son prix Nobel de littérature, Albert Camus à son instituteur. Alain Finkielkraut reconnaît, lui, « n'avoir pas témoigné à l'égard de M. Nicolet une reconnaissance particulière, il est sans doute mort, j'ai perdu de vue tous mes professeurs ». Il ajoute que ce monsieur d'apparence bourgeoise, « un peu bedonnant, un homme de cinquante ans comme on avait cinquante ans à l'époque, avant que notre génération n'invente l'adolescence perpétuelle », n'était pas dénué d'humour. Et il ne sous-estime pas le rôle qu'a eu pour lui l'école : « Un simple exercice comme le thème latin m'a structuré l'esprit. Si j'ai le goût des phrases bien tournées, si je m'efforce de respecter la langue quand j'écris mais aussi quand je parle, c'est grâce à cet enseignement-là. Mais il en va pour moi de l'école comme de la République et de la nation, je n'en parle et ne m'y attache que parce que ce sont des réalités fragiles et menacées. » À ceux qui le disqualifient pour son élitisme et son passéisme, le nouvel académicien choisit de répondre par le truchement de ses maîtres : « Dans *L'Art du roman*, Milan Kundera remarque que le terme d'élitisme est depuis 1968 devenu négatif. Or, l'élitisme républicain était au cœur de l'enseignement en France. Autrefois, un M. Germain pouvait arracher Camus à son destin. Je crains que cela ne soit plus possible. »

Remerciements

Merci à vous tous, qui m'avez accordé votre confiance et raconté un pan de votre vie.

Désolé de n'avoir pu retenir tous les témoignages.

Et pardon à Michel Rocard de lui avoir fait « perdre son temps »…

Table des matières

conception
réalisation
mise en page
pca
44405 Rezé cedex

IMPRIM'VERT®

Achevé d'imprimer par Corlet, Imprimeur, S.A. - 14110 Condé-sur-Noireau
N° d'Editeur : 2013-1368 - N° d'Imprimeur : 166245 - Dépôt légal : juillet 2014
Imprimé en France